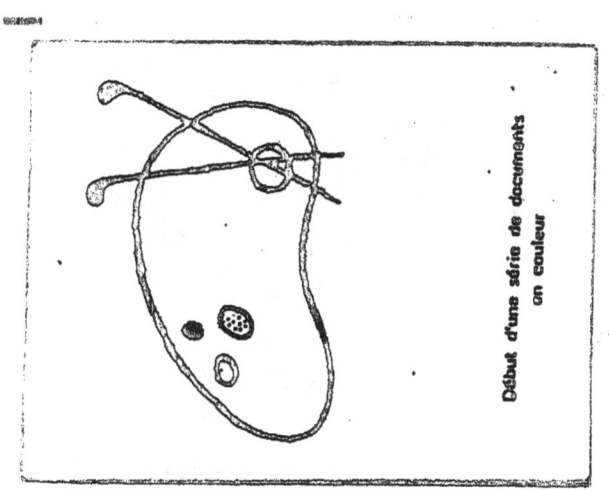

Début d'une série de documents en couleur

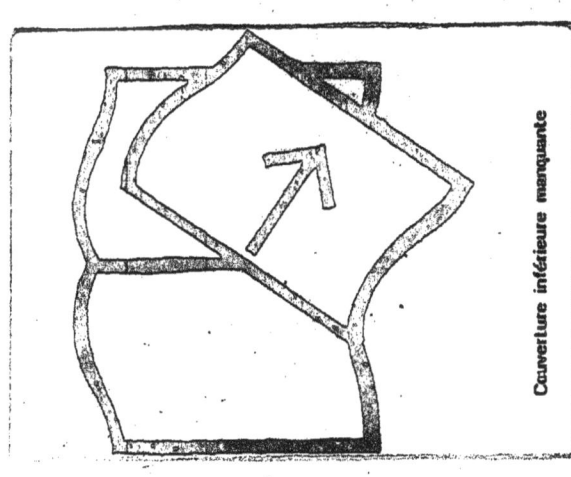

Couverture inférieure manquante

LE GROS LOT

PAR
XAVIER DE MONTÉPIN

TOME PREMIER

PARIS
E. DENTU, ÉDITEUR
3, PLACE DE VALOIS, PALAIS-ROYAL

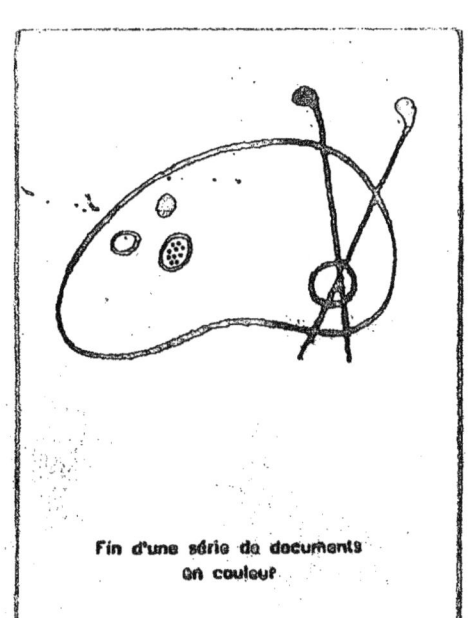

Fin d'une série de documents en couleur

LE GROS LOT

I

LIBRAIRIE E. DENTU, ÉDITEUR

DU MÊME AUTEUR

	fr.		fr.
Les Amours d'Olivier (suite et fin de la *Baladine*), 3ᵉ édit., 2 vol.	6	La Maîtresse masquée, 3ᵉ édit., 2 vol.	6
Les Amours de Province, 3ᵉ édit., 3 vol.	9	La Marquise Castella, 3ᵉ édi. Le Mari de Marguerite, 14ᵉ édit., 3 vol.	
La Bâtarde, 3ᵉ édit., 2 vol.	6	Les Maris de Valentine, 3ᵉ édit., 2 vol.	6
La Baladine, 3ᵉ édit., 2 vol.	6		
Le Bigame, 6 édit. 2 vol.	6	Sa Majesté l'Argent, 6ᵉ édit., 5 vol.	15
La Voyante, 2ᵉ édit., 4 vol.	12	Le Médecin des Folles, 5ᵉ édit., 5 vol.	15
I. — Blanche Vaubaron, 2 vol.			
II. — L'Agence Rodille, 2 vol.		P.-L.-M., 3ᵉ édit., 6 vol.	18
Le Crime d'Asnières, 4ᵉ édit., 2 vol.		I. — La Belle Angèle, 2 vol.	
I. — L'Entremetteuse.		II. — Rigolo, 2 vol.	
II. — La Rastaquouère.		III. — Les Yeux d'Emma-Rose, 2 vol.	
Le chalet des Lilas, 3ᵉ édit., 2 vol.	6	Les Pantins de Madame le Diable, 4ᵉ édit., 2 vol.	6
Une Dame de Pique, 3ᵉ édit., 2 vol.	6		
Une Débutante, 3 édit., 1 vol.	3	Une Passion, 4ᵉ édit., 1 vol.	3
La Demoiselle de Compagnie, 3ᵉ édit., 4 vol.	12	Le Parc aux Biches, 3ᵉ édit., 2 vol.	6
Le dernier duc d'Hallali, 3ᵉ édit., 4 vol.	12	La Porteuse de Pain, 3ᵉ édit., 2 vol.	10
Deux Amies de St-Denis, 4ᵉ édit., 1 vol.	3	Le Roman d'une Actrice, 3ᵉ édit., 2 vol.	6
Deux Amours, 4ᵉ édit., 2 vol.	6	I. — Paméla des Variétés.	
I. — Hermine.		II. — Madame de Franc-Boisy.	
II. — Odille.		Le Secret de la Comtesse, 5ᵉ édit., 2 vol.	6
Un Drame à la Salpêtrière, 2ᵉ édit., 2 vol.	6	I. — Le Capitaine des Hussards.	
Le Fiacre nº 13, 6ᵉ édit., 4 vol.	12	II. — Armand.	
La Fille de Marguerite, 3ᵉ édit., 6 vol.	18	Le Secret du Titan, 2ᵉ édit., 2 vol.	6
Les Filles de Bronze, 5ᵉ édit., 5 vol.	15	Simone et Marie, 3ᵉ édit., 6 vol.	18
Les Filles du Saltimbanque, 2ᵉ édit., 2 vol.	6	Son Altesse l'Amour, 4ᵉ édit., 6 vol.	18
I. — La Comtesse de Kéroual.		La Sorcière Rouge, 4ᵉ édit., 3 vol.	9
II. — Berthe et Georgette.		Les Tragédies de Paris, 7ᵉ édit., 4 vol.	12
Jean-Jeudi, 5ᵉ édit., 2 vol.	6	Le Ventriloque, 4ᵉ édit., 3 vol.	9
Madame de Trèves, 8ᵉ édit., 3 vol.	9	I. — L'assassin de Mariette.	
La Maison des Mystères, 2 édit., 2 vol.	6	II. — La femme du Prussien.	
		III. — Le Mari et l'Amant.	
La Maîtresse du Mari, 5ᵉ édit., 1 vol.	3	La Veuve du Caissier, 8ᵉ édit., 3 vol.	9
		La Vicomtesse Germaine, 7ᵉ édit., 3 vol.	9

ÉMILE COLIN. — IMPRIMERIE DE LAGNY.

XAVIER DE MONTÉPIN

LE
GROS LOT

I

PARIS
E. DENTU, ÉDITEUR
LIBRAIRE DE LA SOCIÉTÉ DES GENS DE LETTRES
PALAIS-ROYAL, 15-17-19, GALERIE D'ORLÉANS
ET 3, PLACE VALOIS

1888
(Tous droits de traduction et de reproduction réservés)

LE GROS LOT

PREMIÈRE PARTIE

I

Le 16 janvier 1884, à dix heures du matin, par un temps sec et froid, un petit fiacre s'arrêtait rue de Condé devant la maison portant le numéro 5.

De ce fiacre sortit d'abord une femme de trente-cinq ans environ, vêtue d'une façon très modeste, — une servante évidemment.

Debout près de la portière ouverte elle tendit la main vers l'intérieur de la voiture, et elle aida à descendre une autre femme qui n'avait pas plus de trente-sept ou trente-huit ans, mais dont la chevelure prématurément blanchie et la physionomie profondément mélancolique trahissaient de grandes souffrances du corps et de l'âme, de longs chagrins, d'inconsolables douleurs.

La simplicité de la toilette, absolument démodée et sentant la gêne, s'accordait mal avec la distinction de toute la personne. — Sous les vêtements presque pauvres, on devinait la race.

— Sommes-nous arrivées, Thérèse? — demanda cette femme en continuant à s'appuyer sur la main qui venait de l'aider à descendre de voiture.

— Oui, mademoiselle... — répondit la servante; puis elle ajouta : — Prenez bien garde... n'avancez qu'avec précaution... il y a le trottoir...

Mademoiselle, puisque c'est ainsi que Thérèse nommait sa maîtresse, se conformant à la recommandation, tâta du pied l'espace à franchir avant de s'engager sur le trottoir qu'on lui signalait.

Ce mouvement machinal offrait tout une révélation.

Mademoiselle était aveugle, et le regard fixe, sans expression, de ses grands yeux d'un bleu terni faisait mal à voir.

La maîtresse et la servante franchirent le seuil de la porte cochère, au-dessus de laquelle s'étalaient des panonceaux en cuivre doré, et Thérèse, s'arrêtant en face de la loge du concierge, formula cette question :

— L'étude de M. le notaire David, s'il vous plaît?
— L'escalier à droite... au premier... la porte à gauche...
— Merci, monsieur...

Thérèse conduisit alors sa maîtresse jusqu'à l'escalier qui lui était indiqué et, la soutenant avec les soins touchants qu'une fille aurait pour sa mère, l'aida à franchir les marches accédant au premier étage, tourna le bouton d'une porte sur laquelle se lisait le mot : ETUDE, et l'introduisit dans une pièce assez vaste, garnie de pupitres où grossoyaient une demi-douzaine de clercs.

A gauche se trouvait le cabinet du principal, juste en face de celui de maître David, notaire.

Quelques personnes, assises sur des banquettes, attendaient silencieusement.

En voyant entrer l'aveugle dont la démarche était hésitante malgré l'appui de sa domestique, un des clercs — le plus jeune — quitta son pupitre, vint aux deux femmes et leur dit :

— Vous désirez, mesdames ?...
— Mademoiselle a reçu une lettre de votre patron... — répliqua Thérèse.

— Ah ! c'est une convocation — reprit le clerc — pour quelle affaire ?

L'aveugle tira de son manchon une lettre qu'elle tendit au hasard.

— Veuillez lire, monsieur... — fit-elle.

Le jeune homme prit la lettre, la déplia et lut à haute voix.

— « *Mademoiselle Isaure-Pauline de Rhodé est priée de vouloir bien se rendre, mercredi prochain, 16 janvier, à dix heures du matin, en mon étude, pour y recevoir une communication qui l'intéresse.* »

— Très bien ! mademoiselle — ajouta le clerc en rendant la lettre que Thérèse glissa de nouveau dans le manchon de sa maîtresse ; — asseyez-vous et veuillez attendre. — Il y a là déjà du monde pour la même affaire. — Dès que les intéressés seront au complet on avertira le principal, qui vous introduira chez le patron.

Tout en parlant des intéressés, le clerc désignait de la main quatre personnes assises sur les banquettes.

— Pouvez-vous me dire, monsieur, quel est le motif de la convocation ?... — demanda Pauline de Rhodé.

— Non, mademoiselle, car je l'ignore...

Et le jeune homme regagna son pupitre.

Thérèse fit asseoir sa maîtresse, prit place auprès d'elle et regarda les personnes désignées qui, de leur côté, ayant entendu les quelques paroles que nous venons de reproduire, regardaient les nouvelles venues.

Il y avait deux hommes et deux femmes.

Les deux hommes, dont l'un pouvait avoir cinquante ans et l'autre trente, devaient appartenir à la classe commerçante.

Les deux femmes, vêtues convenablement mais sans la moindre élégance, avaient, la première quarante ans environ, la seconde vingt-six ou vingt-sept.

Ni les uns ni les autres ne paraissaient se connaître.

Mademoiselle de Rhodé se pencha vers Thérèse et lui dit, à voix basse :

— Quels sont les gens qui attendent ?

— Deux dames et deux messieurs.

— Des gens du monde ?

— Pas du monde de mademoiselle, pour sûr... Ils ont l'air de petits bourgeois.

— C'est singulier — murmura l'aveugle — pourquoi me convoquer en même temps que ces inconnus ?

— Si c'était pour un héritage, mademoiselle... — insinua Thérèse.

Un sourire triste se dessina sur les lèvres pâles de l'aveugle.

— Un héritage — répéta-t-elle — Eh! ma pauvre Thérèse, de qui me viendrait-il?

— Dame!... on ne sait jamais...

— Je ne me berce pas de ces espérances folles... La désillusion serait trop grande... la vie de privations qui nous est imposée nous semblerait plus dure...

— Ah! ce n'est point pour moi que je voudrais voir arriver l'aisance... — répliqua Thérèse — je me trouve très heureuse comme ça... C'est pour mademoiselle... rien que pour mademoiselle...

— Je le sais... — murmura l'aveugle. — Votre affection, votre dévouement me sont bien connus...

Et la main de mademoiselle de Rhodé chercha, pour la serrer avec émotion, la main de sa fidèle suivante.

Les deux hommes dont nous avons signalé la présence tiraient à chaque instant leurs montres, en interrogeaient les aiguilles et paraissaient fort ennuyés d'une trop longue attente.

L'un d'eux, n'y tenant plus, quitta son siège, et

s'approchant du jeune clerc que nous avons vu se lever pour recevoir l'aveugle et Thérèse, lui demanda :

— Ne sommes-nous donc point au complet, monsieur ?

— Pas encore...

Au moment précis où le clerc prononçait ces mots la porte de l'étude s'ouvrit de nouveau, et sur le seuil parut une jeune fille de seize ans à peu près, grande et mince, très pâle, marchant avec peine et semblant si faible qu'elle fut obligée, après avoir fait deux ou trois pas, de s'appuyer à l'angle d'une table.

La porte, mue par l'action d'un contre-poids, se referma toute seule derrière elle.

Malgré le froid rigoureux qui sévissait au dehors la nouvelle venue n'était vêtue que d'une façon très légère.

Une robe de laine noire, notablement usée, défendait mal contre l'air glacial son pauvre corps amaigri, — Un petit châle de tricot posé sur ses épaules se nouait derrière sa taille.

De soyeuses mèches de cheveux d'un blond doré s'échappaient de l'humble capeline qui couvrait sa tête.

Malgré la pâleur presque livide du visage, malgré

le large cercle bleuâtre entourant les yeux, malgré l'expression douloureuse de la physionomie, les traits purs et charmants commandaient l'admiration et la sympathie.

Le clerc, voyant la jeune fille chanceler, courut à elle, lui prit le bras et la conduisit à un siège placé près de la banquette sur laquelle l'aveugle se trouvait assise.

— Vous êtes souffrante, mademoiselle ? — demanda-t-il.

— Souffrante, oui, monsieur, encore un peu... — répondit-elle — et faible surtout... je sors de l'hospice...

— De l'hospice ! — répéta le clerc étonné.

— Oui, monsieur... — j'y suis depuis deux mois... — j'ai reçu hier une lettre qui me disait de passer aujourd'hui à l'étude de M. David, notaire... — je suis venue, et, en venant, j'ai eu grand froid...

La voix de l'enfant, quoique faible et comme brisée, était très douce, musicale en quelque sorte. — Elle allait droit au cœur.

En l'entendant l'aveugle, prise d'une émotion soudaine, avait tourné la tête du côté d'où venait cette voix.

— Voulez-vous me montrer votre lettre de

convocation, mademoiselle? — reprit le clerc.
— La voici, monsieur...

Le jeune homme y jeta les yeux.

— C'est bien, mademoiselle... — fit-il ensuite.
— Veuillez attendre... Ce ne sera pas long.

Et, au lieu de retourner à son pupitre, il entra dans le cabinet du principal.

La nouvelle venue tourna machinalement les yeux vers la personne qui se trouvait le plus près d'elle.

Cette personne était mademoiselle de Rhodé, qui sans la voir fixait sur elle ses prunelles éteintes, et qui lui demanda :

— Ainsi, vous sortez de l'hospice, mon enfant... Qu'aviez-vous donc?

— Une pleurésie, madame, arrivée à la suite d'un refroidissement... Il paraît que j'ai été bien malade... On me croyait perdue... — Mon Dieu, si j'étais morte, cela aurait peut-être mieux valu... — ajouta la jeune fille avec un soupir.

Ce soupir, d'une expression navrante, fit passer un frisson sur la chair de l'aveugle.

— Désirez-vous donc la mort? — s'écria-t-elle.

— Je ne la désire pas mais, si elle était venue, je crois que c'eût été un bonheur pour moi.

— N'aimez-vous donc point votre famille, et n'en êtes-vous pas aimée?

1.

— Hélas! madame, je n'ai plus de famille.

— Pauvre enfant! — fit l'aveugle avec émotion — plus de famille!... — Quel âge avez-vous?...

— Seize ans, madame...

— Seize ans, — répéta mademoiselle de Rhodé dont une pensée sombre traversa l'esprit et fit plisser le front.

— Qui sait — poursuivit la jeune fille — qui sait si le travail ne me manquera pas quand je me présenterai dans l'atelier où j'étais employée... Après deux mois d'absence, ma place sera peut-être prise.

— Il faut avoir confiance en Dieu, mon enfant...

— Ah! madame, si je ne croyais pas, si je n'espérais pas en lui, je serais morte déjà...

— Etes-vous, au moins, complètement remise?

— Presque complètement, mais bien faible encore... Tout à l'heure mes jambes fléchissaient sous moi... Il me semblait que j'allais tomber... — C'était la fatigue... Je suis venue à pied du faubourg Saint-Antoine... C'est dans ce quartier-là que j'étais à l'hospice...

— Pauvre enfant!... Et vous venez ici pour affaires?...

— J'ai reçu une lettre du notaire... C'est à cause de cette lettre que j'ai demandé ma sortie, car j'aurais pu rester encore quelques jours...

— L'affaire est importante peut-être?...

— Je ne sais pas, madame... La lettre ne disait rien... Elle me convoquait, voilà tout...

En ce moment le principal sortit de son cabinet, un papier à la main.

II

Un grand silence se fit dans l'étude.

Le principal, après avoir consulté le papier qu'il tenait à la main et sur lequel plusieurs noms étaient écrits, appela :

— Mademoiselle Isaure-Pauline de Rhodé...

L'aveugle se leva.

— Me voilà, monsieur... — dit-elle.

Le principal poursuivit :

— Monsieur Ernest Lecourt... — Mademoiselle Eugénie Darier... Monsieur Alfred Denau... Madame veuve Brinon... Mademoiselle Claire Gervais...

Chaque personne s'était levée à l'appel de son nom.

— Tout le monde est bien là — reprit le principal; — veuillez, je vous prie, mesdames et messieurs, me suivre dans le cabinet de M. David.

Il allait lui-même en franchir le seuil quand Thérèse, s'approchant vivement, lui dit :

— Ma maîtresse, mademoiselle de Rhodé, est aveugle, monsieur... — Puis-je l'accompagner ?

— C'est impossible, mademoiselle... Les intéressés seuls doivent être présents...

— Que mademoiselle s'appuie sur moi — fit Claire Gervais, la jeune fille qui sortait de l'hôpital, en prenant le bras de l'aveugle. — Je la guiderai.

— Merci, mon enfant — murmura mademoiselle de Rhodé — vous êtes bonne... rien qu'en entendant votre voix, je l'avais deviné... je ne me trompais pas...

Un instant après, toutes les personnes nommées par le principal étaient réunies en face du bureau du notaire.

Celui-ci n'était pas seul.

A côté de lui se trouvait un homme d'une cinquantaine d'années, presque contrefait et d'une laideur à la fois grotesque et sinistre. — Il avait le front chauve, le visage couturé, le teint livide. — Ses yeux ronds, d'une teinte jaunâtre, et son nez long, fortement busqué, lui donnaient la physionomie d'un oiseau de proie.

L'élégance recherchée de ses vêtements ne servait qu'à faire mieux ressortir la disgrâce exceptionnelle de toute sa personne.

Le notaire invita les nouveaux venus à s'asseoir, ce qu'ils firent très intrigués car, nous le répétons, ils ignoraient le motif de la convocation qui les réunissait ; puis, après un instant, il s'assit lui-même et prit la parole :

— Mesdames et messieurs — dit-il — je vous ai appelés dans mon étude pour vous faire connaître les dispositions testamentaires de M. René-Joachim Estival, décédé le 1ᵉʳ janvier de cette année...

Ces deux mots : dispositions testamentaires, produisirent une très vive impression sur presque tous les auditeurs, et cette impression était évidemment joyeuse. — A n'en pas douter, il allait être question d'héritage.

Seule, mademoiselle de Rhodé restait impassible.

— Il doit y avoir une erreur... — se disait-elle tout bas. — René-Joachim Estival... Je n'ai connu personne de ce nom...

Maître David continua :

— Je vais vous donner lecture du testament qui institue légataire universel M. Sosthène-Placide Joubert ici présent...

Et, de la main, il désignait le personnage à physionomie d'oiseau de proie qui se trouvait à côté de lui.

Au moment où le notaire parla d'un *légataire universel*, l'expression des visage se modifia brusquement ; — de joyeuse elle devint sombre.

L'officier ministériel dissimula le sourire qu'amenait à ses lèvres ce changement à vue, et poursuivit :

— A charge par lui d'acquitter, par mon ministère, différents legs dont la nomenclature se trouve dans le testament que je vais vous lire..

Donc il y avait des legs; des legs importants peut-être...

Les physionomies s'épanouirent de nouveau!

Le notaire tira d'une large enveloppe posée devant lui une feuille double de papier timbré, couverte d'écriture, et lut :

« Je, soussigné, René-Joachim Estival, rentier, demeurant à Paris, rue des Lions-Saint-Paul n° 27, sans parents à quelque degré que ce soit, par conséquent sans héritiers naturels, j'institue par ce testament olographe mon légataire universel Sosthène-Placide Joubert, demeurant à Paris, rue Geoffroy-Marie, n° 1, pour jouir après ma mort de ma petite fortune, dont le chiffre est de cent vingt-cinq mille francs environ, à la charge par lui de remettre aux personnes indiquées ci-après les legs dont la nomenclature suit :

« 1° A M. Alfred Denau, graveur, demeurant à Paris, rue des Petites-Écuries, n° 32, une montre en argent portant mes initiales sur le boitier, et cela pour lui témoigner ma reconnaissance de m'avoir sauvé la vie en m'empêchant d'être écrasé par un omnibus, le 20 septembre de l'année 1879. »

Peut-être, en écrivant les lignes qui précèdent, le défunt avait-il cru se montrer généreux.

Cette opinion ne fut nullement partagée par le graveur Alfred Denau. — Une moue très prononcée exprima toute l'étendue de son désappointement.

— Ah ! sapristi ! — murmura-t-il — si j'avais su, c'est moi qui ne me serais pas dérangé !

Le notaire poursuivit :

— « 2° A monsieur Ernest Lecourt, négociant, demeurant à Paris, rue de l'Ourcine, n° 29, une bague chevalière en or, à mon chiffre, en souvenir de notre bonne amitié. »

— C'est vrai que je l'aimais bien, ce pauvre Estival ! — s'écria Lecourt. — Ça n'est pas pour la valeur de la bague, mais ça me fait plaisir tout de même qu'il ait pensé à moi.

— « 3° — continua maître David — à madame veuve Brinon, demeurant à Paris, rue de la Roquette, n° 108, une montre en or et sa chaîne, souvenir de vieille amitié.

« 4° A mademoiselle Eugénie Darier, infirmière à l'hôpital Saint-Antoine, la somme de deux-cent cinquante francs.

» 5° A mademoiselle Claire Gervais, modiste, demeurant à Paris, rue des Lions-Saint-Paul n° 27, je lègue un billet *de la loterie des Arts industriels* portant le numéro : *sept millions neuf cent soixante-dix-neuf mille, neuf cent quatre-vingt-dix-neuf.* »

Malgré la solennité de la lecture, deux ou trois des auditeurs ne purent réprimer un involontaire éclat de rire à l'énonciation de ce legs singulier.

Maître David lui-même ne dissimula point un petit sourire.

Claire, si pâle une minute auparavant, rougit jusqu'à la racine des cheveux.

— Croyez-vous qu'il se moquait du monde, le défunt ! dit presque à voix haute Alfred Denau, le graveur mécontent.

— Pauvre petite ! — murmura mademoiselle de Rhodé.

Le notaire éleva la voix pour rétablir le silence, et poursuivit en ces termes la lecture du testament :

— « Ce billet de loterie, acheté par moi, représente, en superposant chacun des sept chiffres dont se compose son numéro, et en les additionnant, un total correspondant au nombre d'années qui forme mon âge actuel, cinquante-neuf ans, et cette particularité me donne la ferme confiance que ce numéro sortira de la roue de la loterie des Arts industriels pour gagner le gros lot de cinq cent mille francs. »

Une nouvelle explosion de rires accueillit cette explication.

— Est-il bien possible d'être superstitieux si bêtement ! — fit le graveur rancunier en haussant les épaules.

— « En léguant ce billet à Claire Gervais, honnête et courageuse orpheline, que j'aime et que j'estime beaucoup, — continua maître David, — je crois fermement assurer non seulement sa fortune, mais son bonheur... »

Pauvre M. Estival ! — murmura la jeune fille, dont les yeux étaient pleins de larmes, — quelle que soit la valeur du legs qu'il me fait, je n'en suis pas moins reconnaissante de son souvenir.

Claire achevait à peine cette phrase quand la porte du cabinet s'ouvrit.

Le principal entra, tenant à la main une lettre et

des papiers ; il s'approcha de son patron et posa devant lui les papiers et la lettre, en lui disant quelques mots à voix basse :

Le visage du notaire exprima une grande surprise ; — ses regards se fixèrent pendant un instant sur l'aveugle, mademoiselle de Rhodé ; puis il prit connaissance de la lettre et des papiers qui venaient de lui être remis, et son étonnement parut grandir encore.

Sosthène-Placide Joubert, le légataire universel du défunt, étudiait du coin de l'œil sa physionomie.

Mademoiselle de Rhodé, ne pouvant voir ce qui se passait, et intriguée par le silence tout à coup survenu, demanda :

— La lecture du testament est-elle donc terminée ? — je n'ai point entendu prononcer mon nom...

— Vous êtes la dernière inscrite, mademoiselle... — répondit maître David — je me suis interrompu pour lire une lettre qui m'arrive d'Alger et qui vous concerne.

— Une lettre venant d'Alger et qui me concerne ! — s'écria l'aveugle stupéfaite.

— Oui, mademoiselle, une lettre du plus grand intérêt...

— Je ne puis comprendre.

— Tout à l'heure je vous donnerai des explications, car nous avons à causer... Je vous apprendrai en même temps quel legs vous est fait par le défunt; mais d'abord je vais remettre aux personnes ici présentes l'objet ou le montant des libéralités stipulées en leur faveur, et leur en demander reçu... Ensuite nous nous occuperons de vous...

Les reçus étaient préparés d'avance... Il suffisait à chacun d'y apposer sa signature.

Quand arriva le tour de Claire Gervais, le notaire lui tendit le billet de loterie, au dos duquel Joachim Estival avait tracé son nom, comme on le fait pour endosser un billet à ordre, et portant le numéro 7,979,999.

— Prenez ceci, mon enfant... — lui dit-il. — Le don paraît de mince valeur; mais qui sait si le défunt ne vous lègue pas, en effet, la fortune, comme il le croyait fermement?... Qui sait si ce que l'on traite chez lui de folie superstitieuse n'était pas le résultat mystérieux d'une sorte de seconde vue?... — Je souhaite qu'il en soit ainsi.

— Merci de vos bonnes paroles, monsieur — balbutia la jeune fille en prenant le billet; mais je ne m'illusionne point... la fortune n'est point faite pour moi... je n'ai jamais eu de chance; je n'en aurai jamais...

Mademoiselle de Rhodé écoutait avec une indicible émotion la voix douce qui parlait ainsi.

— Espérez, mon enfant — dit-elle — le hasard est si grand...

— Vous avez raison, mademoiselle... — appuya le notaire — oui le hasard est grand... bientôt vous en aurez la preuve...

Les légataires, ayant signé, s'étaient retirés l'un après l'autre.

Placide Joubert — le légataire universel — se leva.

— Monsieur David n'a plus besoin de moi? — demanda-t-il en prenant son chapeau placé près de lui sur une chaise.

— Pardonnez-moi, — répondit le notaire — votre présence, au contraire, est indispensable, — Veuillez donc, je vous prie, vous rasseoir...

L'homme à visage d'oiseau de proie remit son chapeau sur la chaise où il venait de le prendre, et, sans paraître étonné d'être retenu, se laissa retomber sur son siège.

III

Tandis que les scènes que nous venons de raconter se passaient dans le cabinet de maître David, quatre jeunes gens, dont la mise était propre et même soignée, sortaient du passage de l'Institut et remontaient la rue de Seine en causant et en riant.

Evidemment ils appartenaient à la classe des travailleurs demi-artisans, demi-artistes, mais plus artistes qu'artisans.

L'un d'eux, — un fort joli garçon qui pouvait avoir à peu près vingt-cinq ans — semblait particulièrement animé et joyeux.

— Vous ne trouvez pas qu'Adrien est ce matin d'une gaieté folle? — dit tout à coup un de ses compagnons qui, s'adressant à lui, ajouta :

— Qu'est-ce qui a donc pu t'arriver de si heureux depuis hier? — As-tu reçu de quelque belle fille une déclaration d'amour? As-tu hérité d'un parent riche que tu ne connaissais pas?

— Ni l'un ni l'autre, — répondit le jeune homme qui se nommait Adrien Couvreur ; — j'ai fait un rêve, tout simplement...

— Il a rêvé chien !

— Il a rêvé chat ! — s'écrièrent coup sur coup les trois amis.

— Non... j'ai rêvé billet de loterie...

— Le numéro gagnant le gros lot?

— Je n'en sais rien... Un billet que je ramassais sur le trottoir et qui portait en tête ces deux mots : *Loterie tunisienne*...—Il était si déchiré, si fripé, si taché de boue, que j'allais le rejeter avec dégoût, quand il me sembla qu'une voix murmurait près de mon oreille : — *Imbécile! tu rates ta fortune!...* — Cette voix me fit réfléchir, et je mis le billet dans ma poche... — Juste à ce moment je me réveillai, et vous devez comprendre à présent pourquoi je suis joyeux... — Mon rêve était un avertissement... — Je n'ai qu'à prendre un billet de la loterie tunisienne, je gagnerai un lot ; c'est aussi sûr que si je l'avais déjà, et je pourrai réaliser mon rêve...

— Qu'est-ce que c'est que ton rêve? — Te marier?

— Devenir patron?

— Ni l'un ni l'autre... — Mon rêve, c'est de m'acheter au bord de l'eau une bicoque avec un jardinet et un petit bateau pour pêcher toute la journée... — J'adore la pêche, et je vous inviterai le dimanche à venir chez moi manger des fritures et des matelotes, avec des gibelottes de lapins, car j'élèverai aussi des lapins... et des œufs frais, car j'aurai des poules...

— Accepté d'avance! — firent en riant les trois amis, qui s'appelaient Jacques Lavaud, Claude Fremy et Charles Vivier.

— Et l'as-tu acheté, ton billet? — demanda l'un d'eux.

— Pas encore.

— Eh bien! je mets la moitié des vingt sous. — Nous partagerons si tu gagnes. — Ça va-t-il?

— Ça va.

— Faisons mieux, — dit un autre. — Mettons-y chacun cinq sous. — le billet sera à nous quatre... — S'il gagne cent mille francs, ça nous fera vingt-cinq mille francs chacun... — la fortune pour tous... — Est-ce entendu?...

— Mon Dieu, moi, je veux bien... — répondit

Adrien Couvreur, n'osant pas refuser dans la crainte de paraître égoïste.

Les quatre jeune gens se trouvaient, à cette minute précise, devant la boutique d'un marchand de tabac.

A la devanture de cette boutique, derrière le vitrage, se voyaient étalés, au milieu des porte-cigarettes et des bouts d'ambre, des billets des diverses loteries dont les tirages devaient être plus ou moins prochains : *loterie des Arts industriels, loterie des Arts décoratifs, loterie Tunisienne, loterie d'Anvers, loterie de Lille, loterie de Blois*, et d'autres encore, à l'infini, car la fièvre de la loterie, aujourd'hui quelque peu calmée, sévissait à cette époque.

On fit halte.

— Voilà ce qu'il nous faut — dit un des amis d'Adrien — il s'agit de se fouiller pour réunir les fonds...

Tout en disant ce qui précède il tira cinq sous de sa poche, et ses camarades en firent autant.

— Qui est-ce qui prendra le billet ? — ajouta-t-il.

— Voilà une question un peu bébête ! — lui fut-il répondu. — Parbleu ! le billet sera pris par celui qui a rêvé, et que la chance doit suivre ! — Adrien, voici mes cinq sous...

— Et les miens...
— Et les miens...

Le jeune homme prit les soixante-quinze centimes, y joignit sa quote-part qui complétait le franc, et entra dans la boutique où l'accompagnèrent ses amis.

Au comptoir trônait une petite vieille maigrichonne, le nez pointu, la physionomie revêche.

— Un billet de la *loterie Tunisienne*, madame, S. V. P. — dit Adrien en saluant. — Ayez la complaisance, si ça ne vous dérange pas trop, de me donner celui qui doit gagner le gros lot...

Au lieu de sourire de cette plaisanterie, vulgaire mais inoffensive, la marchande grommela:

— Vous moquez-vous de moi? Si je le connaissais, je le garderais...

— Vous en auriez le droit, ma chère dame, mais puisque vous ne le connaissez pas, vous me ferez plaisir en me le donnant... — Peut-on choisir dans le tas? — poursuivit le jeune homme en mettant la main sur une liasse de billets de la *loterie Tunisienne* qui se trouvait sur le comptoir?

— On peut...

— Alors, les yeux fermés.

Adrien posa le doigt sur un des billets, sans le regarder.

— C'est celui-ci... — fit la marchande, toujours de mauvaise humeur.

— Alors, passez-le-moi. — Voici un franc... — Merci, ma chère dame... Au plaisir de ne jamais vous revoir, et soignez vos nerfs... ils finiraient par vous jouer un mauvais tour, car ils sont dans un triste état !

Et riant aux éclats, les quatre amis sortirent de la boutique.

— Quel numéro ? — demanda l'un d'eux.

Adien lut à haute voix :

— *Deux millions, cinq cent quarante-neuf mille, six cent soixante-quinze.* — Et dire — ajouta-t-il, — qu'avec ce numéro nous aurons de quoi nous acheter, si nous voulons, un hôtel aux Champs-Elysées, meublé de ses meubles meublants, poulets d'Inde à l'écurie et berlingots sous la remise !... — C'est ça, mes enfants, qui sera d'un chic épatant !!

— Qui est-ce qui garde le billet ? — demanda une voix.

— C'est Adrien, puisque c'est lui qui l'a pris... — Et, sur ce, je vous préviens que l'heure se défile... — Rappliquons un peu vite à l'atelier... — Nous arriverons en retard...

Les quatre amis, hâtant le pas, remontèrent la rue de Seine pour aller à leur atelier de peinture, situé rue du Montparnasse où se trouvaient les magasins de décors de ce pauvre théâtre de l'Opéra-Comique, aujourd'hui disparu — momentanément, du moins, — car l'Opéra-Comique à la place du Châtelet n'est plus l'Opéra-Comique.

A peine avaient-ils fait vingt pas qu'Adrien Couvreur, marchant en tête du groupe, s'arrêta et se rangea le long de la muraille pour laisser passer une jeune fille qui se traînait péniblement, et dont le doux visage offrait une expression douloureuse.

Cette jeune fille tenait à la main un billet de loterie.

— C'est pour gagner le gros lot, ça, mamselle? — lui dit-il en riant.

Claire Gervais — que nos lecteurs ont devinée sans doute — leva vers celui qui lui parlait ses grands yeux bleus attristés, aux paupières meurtries.

Pendant le quart d'une seconde leurs regards se croisèrent ; l'orpheline hocha la tête tandis qu'un pâle sourire entr'ouvrait ses lèvres ; puis elle baissa de nouveau les yeux et continua son chemin sans répondre.

Les quatre peintres se retournèrent pour la voir s'éloigner.

— Gentrouillette, la petite blonde ! — murmura

l'un d'eux — un peu chétive, un peu pâlotte, mais gentrouillette tout de même...

— Je crois la pauvre enfant bien malade... — fit observer Adrien Couvreur. — Encore une qui souffre, qui s'épuise de travail, qui succombe à la fatigue, et j'ai grand peur que son billet de loterie ne lui donne pas une poire à mettre sous la dent !...

Adrien se remit en marche avec ses compagnons.

Les suppositions que venait de formuler le jeune homme se rapprochaient beaucoup de la vérité.

Claire n'était pas absolument sans un sou, mais elle possédait bien peu de chose.

Une somme de six francs, qu'on lui avait donnée au moment où elle sortait de l'hôpital, constituait toute sa fortune, et elle se demandait avec épouvante comment elle pourrait faire pour vivre, si, après deux mois d'absence, elle trouvait sa place prise, et si l'ouvrage venait à lui manquer.

En quittant la maison de maître David la jeune fille était allée devant elle, au hasard, pensant à l'étrange héritage qu'elle venait de faire, regardant ce billet de loterie, qui valait vingt sous, et que le défunt lui avait légué croyant de la meilleure foi du monde qu'il lui laissait une fortune.

Hâtons-nous d'ajouter qu'elle ne partageait pas cette conviction.

Depuis qu'elle était au monde, elle n'avait jamais eu de chance.

Pourquoi la chance lui viendrait-elle à présent?

— Me bercer d'espérances irréalisables, ce serait vraiment trop absurde !... — pensait-elle. — D'ailleurs, est-ce qu'on gagne aux loteries ?... Une personne sur cent mille... tout au plus... et encore... Si je veux vivre, c'est sur mon travail qu'il faut compter... rien que sur mon travail...

Un instant après avoir rencontré les quatre jeunes gens, elle glissa le billet dans la poche de sa robe et hâta le pas, autant du moins que le lui permit sa faiblesse.

Le froid, piquant dès le matin, devenait de plus en plus vif.

Claire arriva sur les quais et jeta un regard autour d'elle, afin de s'orienter.

— J'ai pris le plus long, — murmura-t-elle ; — j'aurais dû suivre tout droit le boulevard Saint-Germain... Enfin, j'arriverai quand même... ce ne sera qu'un peu de fatigue de plus...

Elle marchait péniblement, nous le savons, la pauvre enfant, et ce ne fut qu'au bout d'une heure qu'elle arriva, tout à fait épuisée, rue des Lions-Saint-Paul.

Avant de regagner le logement plus que modeste qu'elle occupait, elle entra chez la concierge.

Celle-ci, une brave femme de cinquante-huit à soixante ans, poussa une exclamation de surprise en la voyant.

— Mais, c'est la petite Claire! — fit-elle ensuite. — Tout au plus si j'en crois mes yeux !!

— Oui, c'est moi, ma chère dame... — répondit l'orpheline — et si faible... si faible, que je ne me soutiens pas...

En même temps, elle se laissait tomber sur une chaise.

— Pauvre mignonne ! approchez-vous du poêle — reprit la portière — il fait dehors un froid de loup !... On a choisi un bien fichu jour pour vous laisser sortir de l'hospice !...

— Je ne pouvais pas y rester davantage, puisque je suis guérie.

— Guérie!... Ah! sapristoche, vous n'en avez point l'air, pâle et maigre comme vous voilà !...

— La santé reviendra... C'est une affaire de temps...

IV

Qu'est-ce que les docteurs vous ont ordonné? — demanda la concierge avec une expression de sincère intérêt.

— Ils m'ont ordonné de suivre un régime fortifiant... — répondit Claire.

— Quel régime?

— De la viande saignante à tous mes repas et du bon vin de Bordeaux.

La concierge accueillit ces paroles par un éclat de rire ironique, accompagné d'un haussement d'épaules.

— Les ânes bâtés! — s'écria-t-elle ensuite. — D'entendre ces choses-là, ça me révolutionne!... Ils sont tous les mêmes!... Un régime! Des côtelettes!... Des entrecôtes!... Du vin de Bordeaux!...

et encore il faut qu'il soit bon !... — Dépenser trois francs à son déjeuner et autant à son dîner quand on a tant de mal à gagner cinquante sous par jour !... — On voit bien que ça ne leur coûte rien!... — Je vous dis que c'est des ânes !... — Au lieu de vous renvoyer chez vous, ils auraient bigrement mieux fait de vous expédier dans une maison de convalescence où vous auriez repris des forces, en attendant le retour du printemps...

— Il fallait absolument que je sorte aujourd'hui...

— Pourquoi donc ça ?

— Vous m'avez fait parvenir à l'hospice une lettre adressée ici...

— Oui... avant-hier... — Il y avait quelque chose d'imprimé sur l'enveloppe... Ça venait de chez un notaire...

— Ce notaire m'écrivait de me rendre chez lui ce matin...

— Est-ce que, par hasard, il s'agissait d'un héritage ?

— Oui.

— Si vous avez hérité, sapristoche ! quelle chance ! Au moins vous pourrez suivre l'ordonnance de ces imbéciles de médecins !

— Hélas ! mon héritage sera bien insuffisant

pour cela... — le legs que j'ai touché se composait d'un simple billet...

— Un billet de mille ?

— Un billet de loterie.

— C'est sérieux ce que vous dites ? ? ?

— Ah ! je ne ne songe guère à plaisanter !...

— Alors, c'est une vraie farce !... Une mauvaise farce !... Est-ce que j'ai connu celui qui vous l'a faite ?

— C'était un de vos locataires...

— Attendez donc !... — Ça serait-il, par hasard, défunt M. Estival ?

— Lui-même.

— Alors, ça ne m'étonne pas !... Je l'ai toujours considéré comme un maniaque, comme un vieux toqué !... — Il avait de l'argent, il vous portait grand intérêt, je le sais, et au lieu de vous laisser un petit capital pour vous établir il vous lègue un billet de loterie !... Quelle dérision !... il est resté fou jusqu'après sa mort !... — Avez-vous déjeuné, au moins, ma pauvre mignonne ? — ajouta sans transition la brave femme, faisant trêve à son courroux contre feu son locataire.

— Pas encore, ma chère dame... — Je vais monter donner de l'air à mon petit logement, qui doit en avoir grand besoin... puis j'irai chercher une tasse de bouillon chez la fruitière...

— S'il vous fallait quelque chose, vous savez, je suis là... Ne vous gênez pas...

— Merci... je sais que vous êtes bonne...

— Est-ce que votre patronne est allée vous voir à l'hospice ?

Claire poussa un soupir.

— Personne ne s'est dérangé pour moi, — répondit-elle ensuite tristement.

— Elle aurait bien pu envoyer au moins une de ses ouvrières demander de vos nouvelles...

— Elle ne l'a pas fait, et je ne puis le lui reprocher, car, en somme, elle ne me doit rien...

— Est-ce que vous irez la voir ?

— Mais, sans doute. — Il faut bien que je lui demande du travail, puisque sans travailler je ne pourrais vivre...

— Travailler !... Mais, mon enfant, pour le quart d'heure vous n'en auriez pas la force !

— J'espère bien être complètement remise d'ici à quelques jours... — dit Claire en se levant — Voulez-vous me donner ma clef.

— La voici... Avez-vous du moins de quoi faire du feu par ce temps si dur ?...

— Il me reste un peu de charbon de terre, j'allumerai mon petit poêle...

— Soignez-vous bien, ma fille... — La santé, c'est la seule fortune des pauvres...

— Je me soignerai de mon mieux.

Et l'orpheline, munie de sa clef, s'engagea dans l'escalier conduisant à son logement.

Quand elle atteignit le palier du cinquième étage — le dernier — elle fut obligée de faire halte en s'appuyant à la rampe, pour respirer, avant d'entrer chez elle.

Enfin, ayant repris haleine, elle ouvrit la porte et franchit le seuil.

Le logement, plus que modeste, se composait d'une petite pièce servant de cuisine et munie à cet effet d'un fourneau à deux trous et d'une pièce un peu plus grande, tout à la fois atelier et chambre à coucher.

L'ameublement de cette chambre consistait en un lit de fer, une commode, une table ronde, quatre chaises et un petit établi de modiste sur lequel se trouvait une de ces poupées de carton qui servent à monter les chapeaux.

Claire était modiste — nous croyons l'avoir dit — fort habile ouvrière et travaillant chez elle, mais non pour son compte.

Elle jeta un regard navré sur l'intérieur de cette chambre froide, quittée pour l'hospice depuis tant de jours, et où la poussière couvrait toutes choses.

Son cœur se serra douloureusement. — Elle se laissa tomber sur une chaise et ses larmes se mirent à couler.

— Seule! toujours seule! — murmura-t-elle d'une voix brisée. — Seule au monde et malade !
— Ah ! la mort aurait mieux fait de me prendre en même temps que ma pauvre mère ! Dieu sait que je ne tenais guère à vivre !... — Et si je ne trouve pas de travail après ma longue absence, qu'est-ce que je vais devenir ?... Si ma patronne m'a remplacée, que faire ? — Il faudra chercher ailleurs... affronter les refus... les humiliations...
— Dans un mois j'aurai un terme à payer. — Le propriétaire est un homme dur ; — qu'est-ce que ça peut lui faire que j'aie passé deux mois à l'hôpital ?... C'est son argent qu'il lui faut... — Faute de payement, il me donnera congé et retiendra mes meubles... où irai-je, alors ?

L'orpheline joignit les mains, pencha la tête sur sa poitrine et pendant quelques secondes ses sanglots éclatèrent.

Peu à peu il se fit en elle un peu d'apaisement. — Une lueur apparut dans son ciel noir.

— Je n'ai rien à me reprocher, — balbutia-t-elle — il est impossible que Dieu m'abandonne ! il ne sera pas sans pitié pour moi, lui qui mesure le vent à la brebis tondue ! — Je ne dois point perdre courage, mais au contraire me raidir contre le malheur. — C'est un mauvais moment à passer, voilà tout. — Le beau temps reviendra, ramenant le soleil et la santé.

La jeune fille quitta sa chaise, entr'ouvrit une fenêtre pour renouveler l'air et alluma le petit poêle de fonte.

Quand ce fut achevé, elle reprit :

— Je vais aller chercher un peu de nourriture... — Je mettrai ensuite ma meilleure robe, et j'irai demander de l'ouvrage à ma patronne... — Mais d'abord il faut serrer mon héritage... — Si cependant ce billet était le bon ? Si j'allais gagner le gros lot ?...

Tandis que cette pensée se formulait dans son esprit, la pauvre enfant eut aux lèvres un pâle sourire et, tirant de sa poche le billet de loterie qui lui avait été remis par le notaire David, elle le regarda de nouveau.

— Sept millions neuf-cent-soixante-dix-neuf-mille-neuf-cent-quatre-vingt-dix-neuf... — fit-elle en épelant les nombres qui composaient le chiffre principal ; — Jamais, au grand jamais, ce numéro-là ne sortira ! !

Elle retourna le billet.

Nous savons déjà que, par une fantaisie de maniaque, son premier propriétaire l'avait revêtu de sa signature, comme on endosse un billet à ordre ou une lettre de change.

— Ce pauvre M. Estival avait sans doute peur de le perdre ou qu'on ne le lui vole... — murmura Claire... — et il y a mis son nom afin de pouvoir le réclamer... C'était une bonne précaution... — Il ne me devait rien, le cher homme, et c'est gentil de sa part d'avoir pensé à moi, mais un simple billet de banque, ne fût-il que de cent francs, m'aurait été plus agréable, et surtout plus nécessaire... Cent francs, pour qui ne possède rien, c'est beaucoup...

La jeune fille ouvrit un petit coffret de noyer qui se trouvait sur sa commode, y plaça le billet de loterie et le referma.

Elle prit ensuite une boîte de fer-blanc et descendit lentement ses cinq étages afin d'aller chercher du pain et du lait.

Quittons momentanément cette humble déshéritée de la vie, et retournons rue de Condé, à l'étude du notaire David.

Celui-ci avait retenu Sosthène-Placide Joubert au moment où le légataire universel de René-Joachim Estival se croyait libre de s'en aller.

Et l'homme à visage d'oiseau de proie s'était rassis, l'air indifférent, mais curieux au fond de savoir pourquoi le notaire venait d'interrompre la lecture du testament dont lui, Joubert, connaissait la teneur depuis la veille.

Une complication imprévue se produisait-elle ?

Que signifiaient cette lettre et ces papiers venus d'Alger et remis par le principal à son patron ?

Maître David relut la lettre et prit la parole en s'adressant à l'aveugle :

— Mademoiselle — lui dit-il — je vais vous faire part d'une nouvelle qui vous intéresse... — Cette nouvelle m'arrive à l'instant et, par un hasard si singulier qu'il est à peine vraisemblable, elle se rapporte à la libéralité testamentaire de feu M. Estival à votre égard...

Joubert dressa l'oreille, mais conserva son masque impassible.

Mademoiselle de Rhodé, au contraire, ne cherchait point à dissimuler l'agitation fébrile qui s'emparait d'elle.

Le notaire continua :

— C'est pour cela que j'ai prié M. Joubert de

vouloir bien rester avec nous, car vous aurez, j'en suis certain, quelques renseignements à réclamer de lui...

— De moi!... — s'écria le légataire universel très surpris, du moins en apparence.

— Oui, de vous.

— Mais de quoi s'agit-il donc, monsieur ? — demanda l'aveugle.

— Avant de vous répondre, mademoiselle, permettez-moi de vous adresser une question...

— Faites, monsieur.

— Etes-vous, à cette heure, seule de votre famille ?

— Je ne puis vous répondre, monsieur, d'une manière positive... — J'avais un parent... mais depuis seize années j'ignore absolument ce qu'il est devenu...

— C'était un oncle, n'est-ce pas ? Un oncle du côté de votre père ?

L'aveugle devint très pâle.

— En effet... — répliqua-t-elle ; puis elle ajouta, avec un accent plein d'amertume : — Est-il question de cet homme ? du comte Jules de Rhodé, frère de mon père ?...

— Oui, mademoiselle, de lui-même...

V

Les lèvres de l'aveugle se crispèrent

Son visage, brusquement convulsé, prit une expression farouche.

— Ah! — fit-elle d'une voix qui sifflait entre ses dents serrées par la colère. — Ah! il s'agit de ce misérable auquel je dois le malheur de toute ma vie!...

Le notaire répliqua :

— La lecture des pièces qui viennent d'arriver dans mes mains me prouve en effet, mademoiselle, que M. le comte de Rhodé a dû porter autrefois à votre cœur un coup terrible, mais elle me prouve aussi qu'il s'en est repenti...

— Lui!... Se repentir! — s'écria l'aveugle — allons donc! — on voit bien que vous ne le connaissez pas!... — il ne saurait éprouver de repentir, cet homme sans cœur et sans âme, implacable dans sa cruauté froide!...

— L'approche de la mort peut amener de grands changements.

— Chez tout autre, peut-être... Chez lui, non...

— Prenez garde, mademoiselle, d'avoir à regretter vos paroles.

— Le comte de Rhodé est-il donc dangereusement malade? — est-il donc condamné? — demanda vivement Pauline.

— Il n'existe plus.

L'aveugle se dressa brusquement, prise d'un frisson nerveux qui secouait ses membres.

— Mort! — s'écria-t-elle — Il est mort!

— Oui.

— La lettre que vous venez de recevoir vous apporte cette nouvelle?

— Oui... — répéta maître David.

— Et vous avez parlé de son repentir!... Alors il regrettait l'infamie qu'il a commise en m'enlevant ma fille, il y a seize ans! En ne tenant compte ni de mes supplications, ni de mon désespoir, en m'arrachant sans pitié la chère créature que, depuis ce moment, je n'ai pas cessé de pleurer!!

— Il est, en effet, question d'une enfant.

— Et — reprit impétueusement mademoiselle de

Rhodé, dont la surexcitation fiévreuse grandissait de seconde en seconde — il avoue son crime ?... Il indique la route à suivre pour retrouver ma fille? — Oh! parlez, monsieur... parlez vite, au nom du Ciel !... Depuis seize ans, j'avais chassé toute espérance de mon âme en deuil... Un mot vient de me rendre l'espoir !... — Jules de Rhodé est mort et il s'est repenti... — Dites-moi que je ne m'abuse point... Que j'ai bien compris... Que je ne mourrai pas sans avoir embrassé ma fille...

— Je vous en supplie, mademoiselle, calmez-vous... — dit maître David en faisant signe au principal de guider l'aveugle et de la conduire jusqu'au fauteuil le plus voisin de son bureau. — Je vais avoir l'honneur de vous lire la lettre qui m'est écrite par mon collègue, notaire à Alger, et vous comprendrez.

— Oh! lisez, monsieur... lisez... j'ai hâte de savoir...

Mademoiselle de Rhodé s'était assise.

Joubert — l'homme à figure d'oiseau de proie — de plus en plus intrigué, suivait avec une attention profonde tous les détails de la scène que nous racontons.

L'officier ministériel toussa pour s'éclaircir la voix et lut ce qui suit :

— « Mon cher collègue, je viens vous prier de vouloir bien vous enquérir, sans le moindre retard, de la nouvelle adresse de mademoiselle Isaure-Pauline de Rhodé, en supposant que ladite demoiselle ait quitté son ancien domicile, sis à Paris, rue de Varenne, numéro 16, et de la prier de passer le plus tôt possible à votre étude, où vous lui communiquerez la copie ci-jointe du testament de son oncle, M. le comte Jules de Rhodé, décédé à Alger le 8 décembre dernier.

« Il importe de savoir si mademoiselle de Rhodé a présentement auprès d'elle la jeune fille dont parle le testament et, dans le cas contraire, de la mettre à même d'employer les moyens indiqués par la note annexée au testament pour retrouver cette jeune fille, à laquelle vous ferez nommer un conseil de famille, et par ce conseil, un tuteur, qui me donnera procuration pour agir au mieux des intérêts de la pupille, en procédant à l'inventaire des biens du défunt dans les délais prescrits par la loi.

« La fortune est considérable. — Elle atteint certainement, si elle ne le dépasse, le chiffre de deux millions cinq cent mille francs. »

Joubert, la tête penchée et les paupières mi-closes, écoutait religieusement. En entendant énoncer le chiffre de *deux millions cinq cent mille francs*, il ne put s'empêcher de tressaillir.

Mademoiselle de Rhodé tremblait d'émotion.

Maître David poursuivit :

— Je vais, maintenant, vous donner lecture de l'acte testamentaire.

Et il commença :

— « Je soussigné, Jules-Alexandre, comte de Rhodé, demeurant à Alger, rue de la Kasbah numéro 7, sain d'esprit sinon de corps, donne et lègue à ma nièce, Isaure-Pauline de Rhodé, l'usufruit de tous les biens, meubles et immeubles que je posséderai au jour de mon décès.

» Je laisse la nue propriété de tous ces biens à ma petite nièce, née le 20 septembre 1868, et inscrite sur les registres de l'état civil de la mairie du septième arrondissement sous le nom de Jeanne-Marie de Rhodé, fille de Isaure-Pauline de Rhodé et de père inconnu... »

Au moment où le notaire prononçait cette dernière phrase, le tremblement qui secouait le corps de l'aveugle s'accentua tellement qu'on pût croire à une crise nerveuse imminente.

—Du calme, mademoiselle... Du calme je vous en

conjure... — fit maître David — Si naturelle et si légitime que soit votre émotion, sachez la dominer...

— Je la dominerai, monsieur... — balbutia la pauvre femme, en se raidissant de son mieux. — Me voici remise... Continuez...

Le notaire poursuivit :

— » Sur l'usufruit de mes biens, Pauline de Rhodé constituera à sa fille Jeanne-Marie une rente annuelle de douze mille francs.

» Au cas où Jeanne-Marie viendrait à mourir avant sa mère, la nue propriété de tous mes biens, meubles et immeubles, serait acquise à la ville d'Alger, à la charge par cette ville de construire une maison de secours destinée à recevoir les enfants moralement abandonnés.

» Je termine en demandant pardon à Dieu de mes fautes, qui ont été grandes, et je le supplie de faire grâce à mon âme en faveur de mon repentir, qui est sincère.

» Écrit à Alger le 3 novembre 1883.

» Jules-Alexandre, comte de Rhodé. »

— Vous le voyez, mademoiselle, — dit le notaire après avoir achevé sa lecture, — j'avais raison de vous parler tout à l'heure du changement moral de votre parent...

— Eh que m'importe ce tardif repentir ? — s'écria l'aveugle. — Ce repentir, auquel je ne crois pas, ce repentir hypocrite et lâche, inspiré par la crainte de la mort, ne me rend point ma fille !... — Le misérable qui vient de s'éteindre m'a enlevé, il y a seize ans, la chère petite créature sur laquelle je mettais tous mes espoirs, toutes mes consolations, et depuis lors, usant mes yeux à pleurer et traînant ma vie comme un long martyre, je suis restée sans nouvelles de mon enfant !... — Existe-t-elle encore aujourd'hui, et, si elle existe, où est-elle ?

— Dieu ne voudra pas quelle soit morte — répliqua maître David — et la note annexée au testament vous permettra sans doute de la retrouver...

— Oh ! lisez, monsieur !... lisez vite...

— Voici cette note, mademoiselle...

Et le notaire, prenant un papier sur son bureau, lut à haute voix :

— » Pour des raisons qui doivent rester secrètes, l'enfant d'Isaure-Pauline de Rhodé lui fut enlevée par moi quelques jours après sa naissance et remise à un homme en qui j'avais confiance. — Cet homme se nommait René-Joachim Estival, demeurant à Paris rue des Lions-Saint-Paul, n° 27. »

— René-Joachim Estival !! — interrompit l'aveugle. — L'auteur du testament au sujet duquel vous m'avez appelée dans votre étude ne se nommait-il pas ainsi ?...

— Oui, mademoiselle, et c'est en effet de lui qu'il s'agit... — Mais permettez-moi de continuer... les explications viendront ensuite...

Et le notaire reprit :

— » En même temps, je lui versai une somme plus que suffisante pour faire élever la petite fille et la mettre à même d'apprendre un état et de suffire à ses besoins par son travail.

» Aujourd'hui que mes dispositions à l'égard de cette enfant ne sont plus les mêmes, Isaure-Paulide de Rhodé devra présenter cet écrit à Joachim Estival et le sommer de lui dire où se trouve sa fille, si elle est vivante. — Si elle est morte, il devra fournir une copie de son acte de décès. »

— Mon Dieu !... mon Dieu !... — bégaya l'aveugle en sanglotant — tout est contre moi !... — L'homme que je dois interroger, Joachim Estival, est mort !... Je ne saurai rien !...

— Croyez, mademoiselle que je ne vous aurais point laissé concevoir une espérance irréalisable — répliqua maître David. — Le moment est venu de vous donner connaissance du paragraphe qui vous concerne dans le testament de Joachim Estival, paragraphe relatif au don qui vous est fait et que je dois vous remettre au nom du légataire universel, ici présent...

Placide Joubert, dont le visage d'oiseau de proie restait impénétrable, s'inclina.

— Ne me faites pas languir, monsieur! — dit mademoiselle de Rhodé, en tendant vers l'officier ministériel ses mains suppliantes ; — arrachez de mon cœur l'angoisse qui le dévore!... Rendez-moi l'espoir... Rendez-moi la vie !!

— Voici le paragraphe en question, mademoiselle...

Et maître David, reprenant le testament de feu Estival, lut les phrases suivantes:

— » Sixièmement. — Je donne à mademoiselle Isaure-Pauline de Rhodé, demeurant, ou du moins ayant demeuré à Paris, rue de Varenne, n° 16, une médaille d'argent de petit module, percée de trois trous formant un triangle et portant d'un côté l'image de la Vierge, et de l'autre ces deux mots: *Ave Maria.* — Cette médaille se trouvera sous le globe de ma pendule, dans une petite boîte de carton.

» Si ridiculement minime que paraisse ce don, l n'en aura pas moins une grande valeur pour mademoiselle de Rhodé, quand elle saura que semblable médaille a été attachée au cou de l'enfant qui lui fut enlevée le 10 octobre 1868, et que, pour me conformer aux instructions qui m'étaient données, j'ai confié à la femme de Prosper Richaud, mécanicien, demeurant rue de la Roquette, n° 154, afin qu'elle fût élevée et qu'elle apprît un état.

» Une somme de trente mille francs fut en même temps déposée chez maître Henriot, notaire, 7, boulevard Beaumarchais, chargé de servir aux époux Richaud, tous les trois mois, les intérêts de cette somme destinée à pourvoir à l'entretien de l'enfant.

» Le jour où Jeanne-Marie atteindra sa majorité, la moitié de la somme de trente mille francs lui sera remise, et l'autre moitié appartiendra aux époux Richaud.

» Mon légataire universel trouvera dans mes papiers l'acte notarié qui vient à l'appui de mon dire, et devra le remettre à mademoiselle Pauline de Rhodé, la mort me relevant du serment fait au comte Jules de Rhodé de ne révéler à personne au monde l'endroit où se trouve Jeanne-Marie. »

VI

— Vous le voyez, mademoiselle, — dit le notaire en reposant sur son bureau le testament de Joachim Estival, — les renseignements sont précis; j'ai la ferme confiance que, grâce à eux, vous aurez bientôt retrouvé votre enfant, et M. Placide Joubert, j'en suis non moins convaincu, va vous donner l'assurance que cet espoir est bien fondé...

Joubert, indirectement interpellé par maître David, releva la tête.

Son visage était aussi complètement dépourvu d'expression qu'un masque de cire.

— C'est vrai, monsieur, — s'écria mademoiselle de Rhodé, s'adressant à lui sans le voir; — vous êtes le légataire universel de M. Estival... — Vous avez certainement trouvé dans ses papiers l'acte notarié dont parle le testament et qui concerne ma fille... Peut-être vous êtes-vous occupé déjà de cette enfant... Peut-être avez-vous vu la famille Richaud... Si cela est, conduisez-moi près d'elle !... Vous devez comprendre, monsieur, combien mon impatience est grande...

D'une voix blanche et lente, avec un calme qui ressemblait à de l'indifférence, Joubert répondit :

— En effet, madame, j'ai trouvé dans les papiers de mon ami bien cher et bien regretté Joachim Estival l'acte dont le testament fait mention, et je me suis présenté chez maître Henriot, le notaire du boulevard Beaumarchais, pour lui déclarer que je devenais l'exécuteur testamentaire de feu son client... — Maître Henriot m'apprit alors une chose très singulière...

— Quelle chose ? — demanda l'aveugle à qui l'anxiété coupait la respiration.

— C'est que, depuis 1871, la famille Richaud n'a point touché la rente du capital déposé chez le notaire...

— Pourquoi cela ? — balbutia mademoiselle de Rhodé dont l'anxiété devenait de l'épouvante.

— Le mari et la femme ont disparu brusquement à cette époque...

— On n'a pas su ce qu'ils étaient devenus ? —

poursuivit l'aveugle, le cœur serré douloureusement. — Vous, monsieur, ne vous en êtes-vous pas informé?...

— Je suis allé au numéro 154 de la rue de la Roquette, mademoiselle...

— Et, sans doute, vous avez recueilli là quelques renseignements...

— Des renseignements bien vagues... On suppose — (car remarquez qu'il s'agit seulement de supposition) — que le mari et la femme ont été tués pendant la Commune...

— Mais, ma fille? Ma fille Jeanne-Marie?... — bégaya Pauline de Rhodé avec un effarement facile à comprendre.

— L'enfant a disparu comme ceux qui l'avaient recueillie, sans même laisser une trace dans la mémoire des habitants du quartier...

L'aveugle devint d'une pâleur effrayante.

— Ainsi, — fit-elle d'une voix étranglée, en joignant ses mains que secouait un tremblement nerveux — après seize années de souffrances, d'angoisses, de tortures, une lueur d'espérance vient briller au fond des ténèbres où je suis ensevelie vivante; la mort du comte de Rhodé semble devoir fermer l'ère de mes douleurs; je puis me croire à la veille de retrouver ma fille; et tout s'écroule en un instant!... l'espoir entrevu n'était que mensonge!... — Mon enfant est morte, sans doute, avec ceux à qui on l'avait confiée et, si elle est vivante, sa trace est perdue pour moi... à tout jamais perdue... Ah! je suis donc maudite!!

— Calmez-vous, mademoiselle, et rassurez-vous... — dit maître David.

— Croyez-vous donc que je puisse, sans folie, espérer encore ?

— Pourquoi non?... — M. Joubert n'a eu ni le temps ni les moyens de faire une enquête complète et définitive au sujet de ce qui vous intéresse... Qui sait si cette enquête, habilement et patiemment conduite, ne donnera pas des résultats heureux?...

— En effet, — appuya Joubert — j'ai dû me borner à questionner quelques personnes; mais sans aller au fond des choses...

— Dieu veuille que l'enquête aboutisse — murmura l'aveugle; puis elle ajouta : — Seulement, il y a pour moi une circonstance incompréhensible...

— Laquelle ? — demandèrent à la fois maître David et Placide Joubert.

— Comment pouvait-il se faire que M. Estival ne connût point la disparition des époux Richaud et de l'enfant qu'il leur avait confiée?

— Je l'ignore absolument, mademoiselle, — répondit le légataire universel. — Peut-être sa consigne était-elle de ne plus s'occuper de cette enfant, une fois qu'elle serait sortie de ses mains.

— Que tenter, maintenant? Que faire? — murmura la malheureuse mère avec désespoir.

— Chercher votre fille... — répondit le notaire.

— La chercher!... Mais la trace est perdue, et je suis impuissante, moi, puisque je suis aveugle!... — M'est-il possible de me conduire? — M'est-il possible d'aller de rue en rue, de porte en porte, interroger des gens qui railleraient mon infirmité?... — Si ma fille passait à côté de moi, rien ne me dirait : *la voilà !* — S'il existe un signe par lequel je pourrais la reconnaître, je ne le verrais même pas!... — Ah! je le répète, Dieu m'abandonne!... Je suis maudite!...

Toujours impassible, toujours glacé, Joubert répliqua :

— Vous avez tort de désespérer ainsi, mademoiselle... Ce que vous ne pourrez pas faire, d'autres le feront à votre place.

— D'autres... — répéta l'aveugle; — qui donc?

— Moi, d'abord...

— Vous, monsieur?...

— Oui, moi, Placide Joubert, le légataire universel et l'exécuteur testamentaire de M. Estival... Cette situation m'impose le devoir de vous venir en aide, et je suis l'homme du devoir avant tout. Je ferai l'impossible, croyez-le bien, pour vous aider à conquérir la part de joie dont vous avez été privée trop longtemps. Je ne puis d'ailleurs, avant d'avoir retrouvé la trace de Jeanne-Marie, vivante ou morte, disposer de l'argent déposé chez le notaire Henriot... Voulez-vous, mademoiselle, mettre votre confiance en moi, une confiance absolue, sans restriction, sans limites, et me charger des recherches qui vous rendront peut-être votre enfant?

— Vous devez accepter l'offre de M. Joubert, mademoiselle... — appuya maître David. — Ils sont rares, les hommes au cœur généreux, qui seraient comme lui touchés de vos peines, et vous offriraient ainsi leurs services...

— J'accepte... j'accepte, monsieur... — fit vivement Pauline de Rhodé. — Je suis profondément touchée de votre offre, et je mets ma confiance en vous...

— J'ajouterai — reprit le notaire — que les recherches doivent être menées très activement... Il faut qu'elles aient abouti avant l'expiration du délai légal qui vous est accordé pour procéder à l'inventaire de la fortune de votre oncle et pour payer au fisc les droits de mutation, lesquels se trouvent à la charge de l'héritière.

— Et quel est ce délai, monsieur?... — demanda l'aveugle.

— Six mois à partir du jour du décès du testateur... — Il faut qu'avant ce terme vous ayez produit l'héritière, que le conseil de famille soit nommé, et que vous, c'est-à-dire la tutrice légale, ou à son défaut le subrogé tuteur, ait acquitté les droits de succession...

— Et, s'il en était autrement?

— La succession serait acquise à la ville d'Alger...

— Mais, monsieur — fit mademoiselle de Rhodé — l'argent à payer ne peut-il être prélevé sur les capitaux de la succession?...

— Non, car le testament ne dit point que l'héritière puisse faire emploi...

— A quel chiffre montera la somme réclamée par le fisc?

Le notaire prit une plume, traça des chiffres sur un carré de papier et répondit :

— La succession étant évaluée à deux millions cinq cent mille francs, il sera dû au fisc deux cent vingt-cinq mille francs environ...

L'aveugle joignit les mains.

— Deux cent vingt-cinq mille francs!... — répéta-t-elle avec stupeur... — Mais je n'ai plus aucune fortune, moi, monsieur!... — Depuis plus de seize années, je vis modestement d'une rente viagère de deux mille francs... — C'est presque la misère, et je ne pourrai pas acquitter pour ma fille les droits du fisc...

— Ce sera bien fâcheux, car la loi est inexorable et la ville d'Alger bénéficiera de votre impuissance...

L'homme à figure d'oiseau de proie prit la parole.

— Il ne faut pas se hâter de désespérer... — fit-il. — Nous causerons de tout cela, mademoiselle, si vous voulez bien me permettre de me présenter demain chez vous...

— Je serai heureuse de vous recevoir, monsieur...

— Toujours rue de Varenne, numéro 16?

— Non... — j'habite maintenant le numéro 129 de la rue Saint-Honoré.

Joubert inscrivit cette adresse sur son agenda.

— Moi, mademoiselle — dit maître David — j'ai à vous remettre la médaille à vous léguée par M. Estival, et la note annexée au testament de M. le

comte Jules de Rhodé... — Voici ces deux objets.
— Pouvez-vous me signer une décharge ?

— Oui, monsieur... — mettez une plume entre mes doigts... placez ma main à l'endroit où je dois signer et je signerai...

Le notaire se conforma aux indications de l'aveugle, qui traça une signature très lisible.

Tout était terminé.

Le principal reconduisit mademoiselle de Rhodé dans l'étude, où sa servante l'attendait.

Thérèse l'emmena, et Joubert sortit derrière elle après avoir répété :

— Demain, mademoiselle, à midi, j'aurai l'honneur de me présenter chez vous...

* *

Nous avons quitté Claire Gervais au moment où, sa boîte au lait à la main, elle allait aux provisions.

Comme elle passait devant la loge, la concierge l'arrêta par ces paroles :

— Ecoutez-donc une minute, ma petite Claire ; j'ai oublié de vous dire quelque chose...

— Quoi donc ? — demanda la convalescente en entrant.

— Vous savez bien, — reprit la concierge — ce jeune homme, pas joli mais si bien mis, ce gommeux tiré à trente six épingles, qui venait tous les jours monter la garde devant la porte, pour vous guetter et se trouver là quand vous alliez reporter votre ouvrage ?

— Oui... oui... je sais qui... — fit vivement Claire ; — j'ai dû lui défendre plusieurs fois de me parler dans la rue... -- Eh bien?

— Eh bien ! ma fille, depuis que vous êtes partie à l'hospice, il ne s'est point passé de semaine et presque de jour sans qu'il arrive ici s'informer de vous... Il me faisait des questions à n'en plus finir... — il voulait absolument savoir où vous étiez...

— Vous ne le lui avez pas dit, j'espère?...

— Jamais de la vie ! — Il aurait été capable d'aller vous demander à l'hospice... et ça aurait fait mauvais effet... — On aurait supposé des choses... des choses qui ne sont pas...

VII

— Vous avez bien fait, ma chère dame, et je vous remercie de votre discrétion — répliqua Claire — je ne possède rien au monde que ma réputation d'honnête fille... Je veux au moins la garder intacte...

— Et que vous avez raison, ma petite! — appuya la portière. — Françoise Gervais, votre mère adoptive, vous a élevée dans les bons principes et, si la pauvre brave femme vivait encore, elle serait contente de vous entendre parler comme ça! — A propos, dites donc, pour sûr il reviendra, ce gommeux, ce boudiné... Faudra-t-il le flanquer à la porte?

— Parlez-lui poliment, mais faites-lui comprendre qu'il a bien tort de s'occuper de moi... Que ça ne le mènera jamais à rien... Que ses démarches, loin de me flatter, me blessent, car elles prouvent qu'il ne m'estime point, et que je le prie de les cesser...

— Soyez paisible, ma fille ; je lui mettrai ça dans la main en douceur ! — Savez-vous comment il s'appelle, ce pierrot-là ?

— Non, et je ne désire pas le savoir... — Quand il vous a questionnée, au sujet de mon absence, que lui avez-vous répondu ?

— Que vous étiez à la campagne chez une parente...

— Peut-être ne reviendra-t-il plus...

— Et moi je suis sûre du contraire ; mais sachant qu'il vous ennuie, je le recevrai de manière à vous débarrasser de lui...

— Sans le brusquer trop, cependant...

— En douceur, je vous dis, ma petite... en douceur !...

Claire alla chercher son déjeuner, revint prendre un peu de nourriture, puis revêtit sa meilleure robe et se rendit chez la modiste qui lui donnait de l'ouvrage avant sa maladie.

La pauvre enfant jouait de malheur.

Pendant ses deux mois d'absence sa patronne l'avait remplacée et, le chiffre d'affaires de la maison ayant diminué au lieu de grandir, elle n'obtint qu'une vague promesse de travail pour une époque indéterminée.

— Que vais-je devenir? — se demandait-elle en s'éloignant, la tête basse et les yeux pleins de larmes.

Elle ne se découragea pas, cependant, — il fallait vivre! — et elle alla frapper à la porte de plusieurs maisons qu'elle connaissait et où elle était connue.

Partout elle reçut cette réponse dont la forme seule variait:

— Nous traversons un moment de crise... — Impossible d'augmenter notre personnel, trop nombreux déjà...

Enfin une dernière tentative obtint un résultat un peu moins négatif.

La maison à laquelle s'adressait la jeune fille fabriquait des chapeaux de pacotille pour l'exportation, et la crise commerciale ne l'atteignait pas; mais, vendant à des prix réduits, elle faisait travailler au rabais.

Quoiqu'étant une ouvrière très habile, l'orpheline gagnerait tout au plus trente sous par jour.

Si misérable que fût cette somme, elle représentait le pain quotidien et permettait de ne pas mourir d'inanition.

Hésiter était impossible.

Claire accepta, reçut un petit paquet contenant les éléments du travail à faire, et brisée de fatigue, le cœur serré, les jambes fléchissant sous le poids bien léger pourtant de son corps amaigri par la souffrance, elle reprit le chemin de sa maison.

Cinq heures du soir venaient de sonner...

La nuit était tombée et le froid pinçait ferme.

Au moment où la jeune fille sortait du magasin situé rue d'Angoulême où elle avait trouvé de l'ouvrage, un grand garçon de vingt ans à peu près, dégingandé, maigre et très pâle, de cette pâleur blafarde annonçant la pauvreté du sang, s'arrêtait en face du numéro 27 de la rue des Lions-Saint-Paul.

Ce grand garçon avait les cheveux d'un roux déteint, le nez busqué, les yeux d'un brun tirant sur le jaune, les paupières flasques et bordées de rouge, la poitrine étroite, les jambes grêles et légèrement arquées.

Des moustaches incolores et hérissées, véritables moustaches de chat, cachaient mal sa bouche, ornée de dents irrégulièrement plantées.

Un monocle rivé dans l'arcade sourcilière de l'œil droit, le personnage dont nous venons d'esquisser le désagréable portrait avait l'air enchanté

4.

de sa personne et dédaigneux de tout ce qui n'était point lui-même. Il portait un costume d'une élégance de mauvais goût, outrant les ridicules de la mode : souliers trop pointus, aux talons trop bas ; pantalon trop étroit et trop court ; pardessus trop collant sur un veston trop ajusté ; cravate trop claire ; chapeau trop haut, aux bords trop plats.

De la main gauche gantée de rouge, il tenait un énorme jonc muni d'une pomme d'or trop grosse.

Continuellement il toussottait, et cette petite toux sonnait le creux en s'échappant de sa poitrine étroite.

L'allée de la maison portant le numéro 27 était ouverte et faiblement éclairée par un bec de gaz placé près de la loge ; — le jeune homme suivit le couloir et alla frapper contre la porte vitrée de cette loge.

— Entrez ! — dit la concierge, qui, reconnaissant le visiteur, s'écria : — Comment ! c'est encore vous ?...

— Toujours moi, ma chère dame... toujours moi... Vous en plaignez-vous ?...

— Mais vous êtes déjà venu hier...

— Et je compte bien revenir demain... Cela vous prouve quel intérêt je porte à Mam'selle Gervais et combien j'ai hâte de connaître le moment de son retour.

— Et ron, ron, ron, et ron, ron, ron, petit patapon! — fit la concierge en riant; puis elle ajouta d'un ton ultra-familier, qui n'était point exempt d'une certaine bienveillance : — Le quart d'heure est arrivé, jeune homme, de nous expliquer un peu, vous et moi, entre quatre-z'yeux! — Depuis tantôt deux mois que vous venez ici tout le temps, dans le fol espoir de me tirer, comme on dit, les vers du nez, j'ai bien voulu vous répondre, histoire de causer un instant, sans vous demander la raison du grand intérêt que vous prétendez porter à ma locataire... — Aujourd'hui, n, i, ni, c'est fini... — Je ne dirai plus rien...

— Pas même si mam'selle Claire est revenue de la campagne?...

— Pas même ça!... surtout ça!... Est-ce que vous vous figurez par hasard, jeune homme, que je n'ai point compris votre idée? — Rayez ça, mon garçon! rayez ça! — A mon âge on en a vu de toutes les couleurs, et je la *connais dans les coins*, comme disent les gens du monde huppé? — La petite Claire est jolie, ça vous a donné dans l'œil... — Vous savez qu'elle est seule... qu'elle est orpheline et pas riche du tout... — Vous avez au contraire, probablement, le porte-monnaie bien garnie, et vous vous êtes dit : « — C'est tout au plus si l'enfant a seize ou dix-sept ans... Ça ne sait rien de la vie... c'est godiche et bébête... Ça ne demandera pas mieux que d'avoir quelques jaunets en poche et un mobilier d'acajou... — Je me fendrai de ça, et allez donc turlurette, j'en aurai pour mon argent !... Ça sera une maîtresse qui me fera honneur et qui ne me coûtera pas cher !... » C'est-il bien votre idée, oui ou non ?

Le gommeux, en écoutant parler la portière, ricanait et toussottait en même temps, fort égayé de se voir si bien compris.

— Eh bien ! quand ça serait mon idée ? — répliqua-t-il.

— Comme ça, vous avouez ?

— Pourquoi pas ?...

— Vous voulez enjôler ma locataire ?...

— Je veux lui faire un petit sort gentil... je veux la rendre heureuse...

— Et la planter là ensuite ! Connu ! Pas de ça, Lisette ! — Faites-nous le plaisir de proposer votre petit sort gentil à une autre, à n'importe qui, pourvu que ce ne soit point à nous !... — Nous sommes honnêtes et nous refusons !...

— Si mam'selle Claire n'était pas honnête est-ce que je m'occuperais d'elle?...

— C'est ça !... Il vous faut des rosières pour les pervertir... Taratata !... Passez votre chemin !.... Nous n'écouterons un amoureux que quand cet amoureux parlera mariage... Fichez-vous cela dans la caboche, jeune homme, et laissez-nous tranquilles !...

— Mais j'aime mam'selle Claire de toutes mes forces, je vous le jure !... — s'écria le gommeux, pris d'une inspiration soudaine et décidé, pour réussir, à faire des concessions apparentes.

— Ça nous fiche une belle jambe, votre amour !.s.
— Ce que nous voulons, ce qu'il nous faut, c'est M. le maire et M. le curé... l'un en surplis, l'autre en écharpe...

— Je suis si pincé, ma chère dame, que, s'il le fallait absolument, j'épouserais tout de même...

La concierge, stupéfaite, regarda bien en face son interlocuteur.

— C'est-il sérieux, ce que vous me débitez-là ? — demanda-t-elle.

— C'est sérieux ! — Je vous en fais les plus grands serments ! Je raffole de mam'selle Gervais à en perdre la tête, et il faut que vous m'aidiez à la convaincre de mon amour !

— Pour le bon motif?

— Bien entendu...

— Ah ! si je pouvais vous croire...

— Vous le pouvez et vous le devez... — Ecoutez-moi, ma chère dame, et comprenez que le bonheur de Claire est entre vos mains... — Je suis riche, personnellement, et papa l'est encore plus que moi... C'est donc une fortune, une grosse fortune, que je puis mettre aux pieds de mam'selle Gervais, qui présentement ne possède pas un radis et gagne sa vie tant bien que mal, à force de travail...

— Mais, pour agir ainsi, il faut que je sois sûr d'être aimé... C'est bien le moins, n'est-ce pas ?.... En échange d'une position brillante, inespérée, j'ai le droit d'exiger de l'amour... — Or, Claire ne m'aime pas encore... Elle doute de moi... Elle suppose que mes intentions sont inconvenantes...

— Oh! quant à ça, — interrompit la concierge, — ça ne fait pas un pli !... Elle le suppose... Mettez-vous à la place de la petite...

— Eh bien ! ma chère dame, c'est à vous que je m'adresse pour la désabuser, maintenant que vous savez à quoi vous en tenir... — Vous vous intéressez à mam'selle Claire, ce qui prouve la grande beauté de votre âme ! — Il dépend de vous d'assurer le bonheur de cette chère enfant... C'est à vous qu'elle devra son mariage, puisque vous aurez servi d'intermédiaire entre nous... Et, croyez-le bien, je saurai reconnaître les services que vous nous aurez rendus... — Pour commencer, faites-moi le plaisir d'accepter ce modeste acompte sur les futurs témoignages de ma gratitude...

Tout en disant ce qui précède, le gommeux tirait de sa poche un billet de banque de cent francs, le pliait et le déposait sur la table de la loge devant la portière, complètement éblouie par cette libéralité qu'elle jugeait princière.

— Cent francs ! — balbutia-t-elle — pour moi !..

— Une petite gratification... un prélude... un léger filet d'eau en attendant l'ouverture des écluses de ma munificence... On ne saurait trop récompenser la belle action que vous allez faire en assurant l'avenir de mam'selle Gervais...

— Ah ! la chère petite — murmura la concierge, — si la chance pouvait un jour lui venir !

— La chance, c'est moi !... N'hésitez plus !... ne me cachez rien !... Claire est-elle toujours à la campagne ?...

VIII

La concierge eut un moment d'hésitation, mais il fut court.

— Après tout, qu'est-ce que je risque ? — se dit-elle. — Il a l'air honnête, ce gommeux-là ! Il paraît de bien bonne foi... — A l'entendre, il ne s'agit pas du tout de la gaudriole, mais du conjungo... — Je ne vois pas pourquoi, même dans l'intérêt de Claire, je ne ferais point ce qu'il me demande...

— Vous savez que j'attends votre réponse... — reprit le visiteur.

— Ma réponse, la voici. Puisque vous aimez véritablement la chère mignonne, épousez-la vite... Il n'est que temps !... La misère et la fatigue du travail auraient bientôt fait de la tuer !... — Ah !

oui, ce ne serait pas long dans son état de faiblesse et de souffrance...

— Est-ce qu'elle est malade?? — s'écria le gommeux.

— Eh! mon cher monsieur, la pauvre enfant sort de l'hôpital!

— De l'hôpital!

— Où elle est restée deux grands mois, entre la vie et la mort.

— Est-ce possible??

— C'est si bien possible qu'elle en est sortie ce matin... sans compter qu'elle aurait mieux fait d'y rester encore, car elle ne se tient pas debout...

— Vous m'affirmiez qu'elle était à la campagne, chez une parente...

— Parbleu!... c'était ma consigne de vous dire cette bourde-là...

— Et Claire est souffrante encore?

— Je vous crois, qu'elle l'est!... Et savez-vous ce qu'il lui faudrait pour la remettre ? — Des côtelettes saignantes, des rumstecks et du vrai vin de Bordeaux!... — C'est tout à fait commode, pas vrai, de se payer ce régime-là quand on gagne à peine trois francs par jour!!

— Ma chère dame, — fit vivement le gommeux, avec une émotion qui semblait sincère, — il faut que je voie Claire Gervais!... Il faut que je lui parle!... Il faut que je lui dise moi-même quelles sont mes intentions...

— Oh! quant à ça, ça ne se peut!... — interrompit la concierge.

— Pourquoi donc?

— D'abord, parce que Claire n'est point chez elle... — Elle est allée chercher de l'ouvrage... Et puis elle refuserait carrément de vous recevoir!... — Puisque vous m'avez chargée de vos affaires, laissez-moi mener la chose en douceur... — Je dirai à Claire ce qu'il faudra dire et, quand j'aurai mis vos affaires en bon état, je vous préviendrai.

— Alors, vous me promettez positivement de travailler pour moi?...

— Oui... oui... c'est vu, c'est entendu, c'est conclu. — Puisque j'accepte vos cent francs, il faut bien que je les gagne...

— Je compte sur vous. — Donnez-moi tout de suite quelques renseignements...

— Lesquels?

— Claire a-t-elle une famille?

— Aucune, la pauvre petite, ni de près ni de loin, puisque la brave femme dont elle était la fille adoptive, la mère Gervais, est morte depuis un an...

— Fille adoptive ! — répéta le gommeux. — Elle ne s'appelle donc pas Claire Gervais?

— On lui a donné ce nom-là et on ne lui en connaît pas d'autre... C'est toute une histoire... Une histoire que la brave mère Gervais m'a racontée plus d'une fois... — C'était en 1871, après la guerre, pendant la Commune, aux derniers jours, au moment où les Versaillais venaient d'entrer dans Paris pour se battre contre ces fripouilles d'insurgés.

» Maman Gervais habitait alors la rue de Lappe, dont la moitié des maisons flambaient.

» Obligée par le feu de décamper, sans pouvoir sauver rien de chez elle que ses petites économies se montant à deux ou trois billets de mille — (faut vous dire qu'elle travaillait dans les modes et gagnait bien sa vie), — elle voulait aller dans le haut de la Roquette où elle avait des amis qui pourraient lui donner asile.

» On se battait de tous les côtés, faubourg Saint-Antoine, boulevard Richard Lenoir, place de la Bastille et boulevard Beaumarchais.

Grâce aux détours qu'elle fit, elle gagna la rue de Montreuil et arriva rue de la Roquette, toute encombrée des barricades, enlevées par les troupiers au milieu des fédérés morts ou mourants, et des enfants et des femmes étendus sur les pavés rouges de sang, d'où ils ne devaient plus se relever.

» Tout à coup elle se trouva en face d'un tas de cadavres, parmi lesquels une miochette poussait des gémissements à fendre l'âme, et pleurait comme une borne-fontaine en tirant par ses jupes une femme — sa mère, bien sûr — dont un obus, en éclatant, avait broyé la poitrine...

» La miochette, qui pouvait avoir deux ans, ne comprenait rien à ce qui se passait autour d'elle, et criait : — *Maman, viens nous-en chez nous... J'ai peur...*

» Les balles sifflaient encore par moments, et s'écrabouillaient contre les tas de pavés et contre les maisons...

» Maman Gervais ne fit qu'un bond jusqu'à la petiote, au risque d'être mise en capilotade, la prit dans ses bras et l'emporta. »

— Ah! çà, mais — s'écria le gommeux — savez-vous que c'est très intéressant, cette histoire !... — Je la gobe ! — En vous écoutant ça me fait l'effet du prologue d'un *mélo* à l'Ambigu, avec M'ame Laurent dans le rôle de maman Gervais. — Allez-y donc, ma chère dame !... Allez-y !...

La concierge poursuivit :

— Il y a un bon Dieu pour les braves gens... — Maman Gervais trouva moyen d'arriver, sans une éclaboussure, avec la miochette, à la maison où elle avait des connaissances... — Une fois en sûreté, vous pensez bien qu'elle questionna l'enfant, qu'elle lui demanda où elle demeurait et qui étaient ses parents.

» La petiote n'en savait rien. — Tout ce qu'on put tirer d'elle, c'est que son papa avait pris un fusil pour sortir, et qu'il était tombé dans la rue en même temps que sa maman qui lui courait après, afin de le faire rentrer, bien sûr...

» Le lendemain, les Versaillais tenaient Paris entier... On ne se battait plus dans les rues. — Maman Gervais en profita pour aller questionner à droite et à gauche de la barricade où elle avait ramassé la momignarde... — Elle ne put rien apprendre... pas le moindre renseignement...

» Alors la digne femme eut une idée, celle de garder l'enfant, et elle alla en demander l'autorisation au commissaire de police qui, naturellement, la lui donna.

» C'est à cette époque — il y a de ça quatorze ans déjà ! — qu'elle vint louer dans notre maison, où Claire a grandi, aimant sa mère adoptive autant, si ce n'est plus, qu'elle aurait aimé sa véritable maman !... — En la perdant elle a fait une grande perte, d'autant plus que la maladie de maman

Gervais ayant duré deux ans toutes les économies avaient été mangées, et l'orpheline deux fois orpheline s'est trouvée seule au monde, sans autre ressource que son aiguille... — Si elle n'a pas mal tourné, dans une situation pareille et jolie comme elle l'est, c'est qu'elle est venue au monde avec un fameux fonds d'honnêteté, vous pouvez m'en croire, et ça serait une vraie canaillerie que de chercher à en faire une pas grand'chose...

— Ne craignez point cela de moi, ma chère dame! — répliqua le gommeux. — Ce que vous venez de m'apprendre me décide de plus en plus ! — Claire Gervais n'a qu'à le vouloir pour être ma femme...

— Si c'est comme ça, voilà qui va bien, et je vous donnerai un coup d'épaule de bon cœur...
— Seulement il faut me laisser prendre mon temps et, pour commencer... faites-moi le plaisir de décamper... — Claire va revenir d'un instant à l'autre et je ne veux pas qu'elle vous rencontre ici... — J'ai mon idée... — Aussitôt que je trouverai le moment favorable pour vous ménager une entrevue avec elle, je vous le ferai savoir... — A cette fin, mon cher monsieur, dites-moi comment que vous vous appelez et où que vous restez... — Je vais noter cela sur le livre.

En même temps la concierge ouvrait un registre placé sur la commode et trempait une plume dans l'encre.

— Ecrivez !... — dit le gommeux... — Mon nom : Léopold Joubert... — Mon adresse : rue Saint-Georges, numéro 17.

— C'est fait... — Présentement, filez !

— Je file !...

Et Léopold Joubert sortit de la loge, puis de la maison.

Ce nom de Joubert, nos lecteurs le connaissent déjà.

Disons-leur tout de suite que le gommeux aux cheveux roux, épris de Claire Gervais, était le propre fils de ce Sosthène-Placide Joubert, légataire universel de René-Joachim Estival.

Nous retrouverons bientôt le fils. — Pour le moment occupons-nous du père.

Ce dernier avait quitté l'étude de maître David derrière mademoiselle de Rhodé. — Il prit une voiture à la plus prochaine station et donna l'ordre au cocher de le conduire rue Geoffroy-Marie, n° 1.

Arrivé à l'adresse indiquée après une course d'une demi-heure, il entra dans la maison, monta au premier étage, et tirant une clef de sa poche s'en servit pour ouvrir une des deux portes placées à la droite et à la gauche du palier.

Sur le panneau central de cette porte se trouvait une plaque de cuivre portant ces mots : « CABINET D'AFFAIRES. »

Placide Joubert entra dans une petite pièce meublée de nombreux cartonniers, d'une demi-douzaine de chaises et d'un bureau à pupitre.

Un homme d'âge indéfinissable et d'apparence chétive, installé derrière ce bureau, écrivait des adresses sur des enveloppes de papier bulle.

Avec une raideur automatique, il se leva et salua l'arrivant.

— Rien de nouveau? — demanda Joubert.

— Rien, patron.

Le légataire universel de Joachim Estival passa dans une seconde pièce que nous ne décrirons point, car elle ne différait en rien du cabinet d'un avoué ou d'un notaire.

Un homme d'une cinquantaine d'années, très rouge, très chauve et bien vêtu, penché sur un vaste bureau à cylindre, travaillait à établir des comptes.

Comme le scribe de l'antichambre il se leva et salua Joubert, qui lui posa cette question :

— Rien de nouveau, Marquay?

— Rien, monsieur...

Tirant alors de sa poche une nouvelle clef, le

maître du logis ouvrit une troisième porte, donnant accès dans son cabinet de travail particulier, où personne ne pénétrait en son absence et dont le mobilier était à la fois riche et sévère.

Là, Placide Joubert ôta son chapeau, se débarrassa de son pardessus et s'assit, ou plutôt se laissa tomber dans un immense fauteuil capitonné de maroquin rouge, placé devant un bureau-ministre chargé de dossiers et de paperasses de toutes sortes.

IX

Placide Joubert prit entre ses deux mains sa tête tout à la fois grotesque et effrayante, et se plongea dans ses réflexions.

— Deux millions cinq cent mille francs, c'est une forte somme !... — murmurait-il. — Bizarrerie du hasard !... — Le testament de Joachim Estival me met en rapport avec mademoiselle de Rhodé, héritière de cette forte somme, sinon directement du moins par sa fille... — Or, sa fille a été enlevée, elle a disparu et, si elle ne reparaît point, c'est la ville d'Alger qui entrera en possession de l'héritage !... — Cela ne doit pas être, cela ne sera pas !... — Ces deux millions cinq cents mille francs, je les veux pour mon fils et je les aurai !... — Le moyen d'arriver à ce but est bien simple... il faut tout bonnement que Léopold épouse la fille de mademoiselle de Rhodé...

» Léopold n'est pas précisément joli garçon, mais il a de l'esprit naturel et de l'élégance... il est riche déjà, puisque je le suis... la petite sera trop heureuse de devenir sa femme... — La seule chose difficile est de la retrouver... — Difficile, oui, mais non pas impossible... Rien n'est impossible avec de l'adresse et de l'audace, et je possède l'une et l'autre ! — Je remuerai le monde, je réussirai, et grâce à moi mon enfant, le seul être que j'aime, deviendra par la fortune un des rois de Paris !... — Il sera ma revanche ! — J'aurai vécu méprisé, traité d'exploiteur, d'usurier, d'oiseau de proie, par tous ceux que leur mauvaise étoile réduit à s'adresà moi ! ! que m'importe?... — Il vivra, lui, entouré de l'estime publique, et ceux qui me dédaignent salueront bien bas ses millions ! !

Brusquement Joubert se calma, et son visage qui s'était animé redevint impassible.

Il se leva, ouvrit un coffre-fort à secret placé dans un des angles du cabinet, et en tira un registre qu'il feuilleta.

Au bas de l'une des pages se trouvait une rangée de chiffres représentant la somme totale de sa fortune actuelle.

— Deux millions cinq cent soixante-cinq mille quatre cent soixante-sept francs ! — lut-il tout haut avec une sensation de joie et d'orgueil qui faisait trembler sa voix. — En y joignant les deux millions et demi de Jeanne-Marie, la fille de mademoiselle de Rhodé, les cinq millions seront dépassés !... — Et je ne m'arrêterai pas là !... — Ma grande opération sur les loteries doit me donner des résultats énormes... Ah ! Léopold sera riche !... Vraiment riche !...

En ce moment une sonnerie électrique résonna dans le cabinet.

Placide Joubert remit son registre dans le coffre-fort, qu'il referma, puis il ouvrit la porte donnant dans le cabinet de son principal employé.

— Marquay — dit-il — je vais déjeuner... — je sortirai ensuite. — Si l'on venait me demander, vous répondriez que je serai visible à quatre heures seulement...

— Bien, monsieur...

L'homme d'affaires poussa les verrous intérieurs de la porte refermée, gagna son appartement par une issue cachée sous la tenture et entra dans une salle à manger confortable, où son couvert était mis et où une vieille domestique de fort bonne mine s'apprêtait à le servir.

— M. Léopold est venu ce matin, monsieur... — — fit-elle en posant une terrine de foies gras truffés devant son maître.

— Ah ! — fit Joubert dont une flamme traversa les yeux. — Il va bien, le cher enfant ?...

— Dame ! monsieur, comme d'habitude... Un peu pâlot...

— Ça ne l'empêche pas de se porter le mieux du monde...

— Il toussotte pas mal...

— Oui... oui... je sais et je ne m'en inquiète point... C'est la croissance qui le fait tousser, mais le coffre est bon... — Pourquoi ne m'a-t-il pas attendu pour déjeuner ?

— Paraîtrait qu'il ne pouvait ; mais il viendra dîner ce soir...

— Il viendra ce soir, bravo !... — s'écria Joubert, dont le visage s'illumina. — Dans ce cas, Suzanne, soignez le menu !... — Vous savez que Léopold est gourmet...

— Monsieur peut être tranquille... Le menu sera soigné...

La servante sortit pour aller chercher à la cuisine un salmis de canard, et Joubert resté seul se dit :

— Dès ce soir, je tâterai le terrain... — Il faut

préparer le cher enfant au mariage que j'ai en vue...

Quelques courtes notes biographiques, au sujet de Sosthène-Placide Joubert sont indispensables, et voici le moment de les donner.

L'homme à physionomie d'oiseau de proie que nous avons présenté à nos lecteurs était fils de petits vignerons habitant les environs d'Amboise.

Lorsqu'il vint au monde il offrit aux regards épouvantés une laideur invraisemblable, une laideur de singe, une de ces laideurs qui ne poussent point à la compassion, mais à la risée, ce qui d'ailleurs ne l'empêcha nullement de vivre et de grandir...

En grandissant il n'embellit pas, et ses difformités morales ne le cédèrent en rien à ses difformités physiques. — Les germes d'une multitude de vices existaient en lui, prêts à se développer, mais dominés tous par les instincts de la cupidité et de la rapine.

Au service de ces instincts et de ces vices, le hasard avait mis une intelligence hors ligne et, grâce à cette intelligence, Placide devait se frayer un chemin dans la vie.

L'enfant avait soif d'apprendre.

On le mit à l'école, où il fut bafoué et conspué

par ses camarades, que néanmoins, malgré leurs railleries, il dépassa bien vite.

A huit ans il écrivait d'une façon surprenante, et il calculait comme pas un des paysans des environs qui le chargeaient de faire leurs comptes.

Il ne tarda point à comprendre que sa supériorité morale devait le dédommager amplement de ses disgrâces corporelles. — Presque enfant encore il vola deux cents francs à son père et partit pour Paris.

Là, il chercha sa voie et ne la trouva pas tout d'abord ; mais, en revanche, il trouva la misère noire qui le contraignit à tendre la main pour manger. — Sa laideur, sa difformité, lui furent utiles ; il récolta de nombreuses aumônes. — Continuer ce genre d'existence eût été facile, mais la *carrière* de la mendicité ne lui plaisait point. — Ses ambitions étaient plus hautes. Il voulait être *quelque chose* et, mettant de côté la plus grande partie des gros sous et des pièces blanches qu'il recevait, il guetta l'occasion.

Le hasard devait le servir.

A l'époque où Placide Joubert vivait aux crochets de la charité publique existait déjà, au premier étage du n° 4 de la rue Geoffroy-Marie, un cabinet d'affaires doublé d'un bureau de placement tenu par un homme qui passait pour singulièrement habile et retors dans sa partie.

Le jeune Tourangeau, ayant réalisé quelques petites économies, cherchait un emploi pour utiliser ses aptitudes. — Ayant lu dans un journal que le bureau de la rue Geoffroy-Marie offrait une place d'expéditionnaire aux appointements de deux cents francs par mois, il y courut.

Le directeur de l'agence, qui se nommait Paul Dubois, ne put se défendre en le voyant d'un mouvement de répulsion et presque d'effroi ; il n'en laissa rien voir, et à la demande de Placide il répondit :

— La place annoncée est prise depuis ce matin, mais j'en aurai d'autres tout aussi bonnes, à bref délai. — Veuillez me verser une somme à valoir sur frais et démarches, et je me fais fort de trouver à bref délai ce qu'il vous faut...

Placide versa la somme exigée.

— Revenez demain... — lui dit Dubois.

Le lendemain, le directeur du bureau de placement n'avait pas encore d'emploi à fournir au quémandeur, mais il causa longuement avec lui, s'aperçut qu'il était doué d'une compréhension très vive et, s'habituant à sa laideur, lui proposa de l'attacher à l'agence avec le logement, la nourriture, et des appointements de cent francs par mois.

C'était modeste ; — cependant Joubert accepta sans hésiter et, séance tenante, s'installa.

En moins de quinze jours, grâce à sa collaboration très active, le chiffre des affaires du bureau grossissait dans de notables proportions.

Placide aimait son nouveau métier. — Il s'y montrait non moins habile et plus retors que son patron lui-même. — Ses journées se passaient à étudier les affaires litigieuses, et ses soirées à piocher les questions de procédure, s'initiant à l'art de cotoyer les marges du Code en évitant d'échouer en police correctionnelle ou en cour d'assises.

Au bout d'un an c'était lui qui menait l'agence. Paul Dubois le regardait comme un autre lui-même et n'aurait pas mieux demandé que de se retirer en lui cédant la place, mais contre du bel argent liquide, et par malheur l'argent nécessaire manquait totalement au jeune homme.

Un matin, le *Petit Journal* publia cette note :

Maître Perron, notaire à Amboise, prie Sosthène-Placide Joubert, originaire de cette ville, de se rendre à son étude. — Affaire de succession.

Placide lut ces quatre lignes et partit pour Amboise.

Son père et sa mère étaient morts, laissant des vignes et une somme assez rondelette.

L'héritier toucha l'argent, donna procuration pour vendre les vignes, et revint à Paris où son premier soin fut de traiter avec son ex-patron.

Une fois seul maître, il supprima le bureau de placement annexé à l'agence de contentieux, se lança dans les grandes affaires, joua sur les fonds publics, spécula sur les terrains, tout cela avec un succès constant ; se maria, et de ce mariage eut un fils, dont la naissance coûta la vie à sa mère.

Placide Joubert, qui n'avait jamais aimé que l'argent, s'aperçut qu'une fibre, dont jusqu'alors il ne soupçonnait point l'existence, vibrait dans son cœur ossifié — la fibre paternelle.

Il aima, ou plutôt il adora son fils. — Il ne vécut plus que pour lui, le voulant riche, le rêvant millionnaire, et prêt à ne reculer ni devant l'usure, ni devant la spoliation, ni même devant le vol, afin de lui procurer les millions convoités.

Et en effet il ne reculait devant rien, nous en avons eu déjà, nous en aurons de nouveau la preuve.

Une phrase prononcée par Joubert, au moment

où il jetait les yeux sur le registre contenant le chiffre de sa fortune, a dû frapper nos lecteurs.

Voici cette phrase :

— « *Ma grande opération sur les loteries doit me donner des résultats énormes !...* »

Que signifiaient ces paroles ?

Quelle était la grande opération projetée ou en voie d'exécution ?

Il importe de l'expliquer, et nous allons le faire, car cette opération se rattache par des liens étroits à la trame même de notre récit.

X

Afin de rendre claire et complète l'explication nécessaire, afin de rendre palpables en quelque sorte les choses que nous allons mettre sous leurs yeux, nous prions nos lecteurs de nous accompagner au palais de l'Industrie, quelques heures avant le moment où les héritiers de Joachim Estival se trouvaient réunis dans le cabinet de maître David, le notaire de la rue de Condé.

Nous pénétrerons dans les bureaux affectés à l'administration de la *Loterie des Arts industriels*, autorisée par arrêté ministériel du 31 mai 1882.

C'est par la porte IV du palais, avenue des Champs-Elysées, qu'on accédait à ces bureaux et au cabinet du directeur.

Huit heures du matin venaient de sonner.

Des hommes de peine s'occupaient du service de nettoyage et de balayage.

Un garçon de bureau, âgé de trente ans environ, se trouvait seul dans le cabinet directorial.

Il était chargé tous les matins d'ouvrir les lettres, de classer celles contenant des mandats et de les diviser en trois séries, dont les lettres venant de Paris formaient la première, celles arrivant des départements la seconde, et enfin celles expédiées de l'étranger la troisième.

Ces lettres étaient placées sur le bureau du directeur qui à son arrivée en prenait connaissance, et envoyait les mandats à la caisse où le caissier dressait un état des sommes à percevoir à la poste et soumettait cet état au directeur, qui le signait pour approbation avant de le confier au garçon de de recettes chargé de l'encaissement.

Chaque jour aussi le directeur expédiait par le courrier du soir les billets demandés et payés. — Les enveloppes contenant ces billets, et portant le timbre administratif, étaient *recommandées*.

Ceci posé, revenons au garçon de bureau que nous avons vu dans le cabinet directorial.

Assis devant un petite table, il décachetait et classait les lettres.

C'était un homme de moyenne taille et solidement construit. — La figure, bien rasée, exprimait l'intelligence; mais le front bas, les pommettes saillantes, les yeux gris, d'une extrême mobilité, les lèvres si minces que la bouche ressemblait à la cicatrice d'un coup de couteau, n'auraient rien dit de bon à un observateur attentif.

Penché sur la correspondance, il jetait de temps à autre un regard rapide et inquiet vers la porte d'entrée du cabinet.

Devant lui, au lieu de trois paquets de lettres classées, il y en avait quatre.

Le quatrième était moins volumineux que les trois autres, mais les mandats enfermés dans les lettres qui le composaient offraient tous une importance supérieure à celle des mandats que renfermaient les autres lettres.

Certains d'entre eux atteignaient et même dépassaient le chiffre de cinq cents francs.

Plusieurs lettres contenaient des billets de banque.

Le garçon venait de décacheter une dernière enveloppe et d'en extraire un mandat de cent vingt francs, contre lequel on devait expédier cent vingt billets.

Cette enveloppe portait le timbre de Bordeaux.

L'employé y réintégra le mandat, puis le posa sur

le quatrième paquet, composé d'une vingtaine de lettres, glissa ce paquet dans une très large enveloppe, qu'il ferma soigneusement à la gomme et qui fit disparaître ensuite au fond d'une poche cachée sous la doublure de son gilet.

Tout en exécutant ce qui précède, il tenait presque sans cesse les yeux tournés vers la porte d'entrée.

Certain qu'il n'avait point été vu, il prit les trois paquets de lettres classées, les plaça sur le bureau du directeur, sortit du cabinet dont il referma la porte à clef, et alla porter cette clef dans la pièce où les garçons de bureau se tenaient d'habitude.

Un de ses camarades, qui s'y trouvait seul en ce moment, lui demanda:

— Tu as fini ton classement, Baudoin?

— Oui. — Je n'attends plus que le bordereau pour aller toucher, et comme je ne l'aurai pas avant onze heures, je vais déjeuner...

— Bon appétit!

L'honnête employé qui se nommait Baudoin prit sa casquette, quitta le palais de l'Industrie, traversa les Champs-Élysées, gagna l'avenue Marigny, le faubourg Saint-Honoré, la rue des Saussayes, entra dans la maison de cette rue portant le numéro 7, monta l'escalier et, arrivé au second étage, frappa deux coups un peu espacés à une porte qui s'ouvrit pour lui livrer passage et se refermer derrière lui.

Baudoin déboutonna sa redingote, tira de la mystérieuse poche de son gilet l'enveloppe contenant le paquet de lettres volées, et le tendit à l'homme qui venait de lui ouvrir.

— Que le bordereau soit prêt dans une heure, — lui dit-il, et sans rien ajouter il s'en alla.

Le personnage muni des lettres entra dans une pièce d'aspect singulier.

On y voyait des presses à imprimer, des pierres lithographiques, des plaques de cuivre et d'acier, des outils de graveur, des cartons, des registres et enfin, séchant sur des ficelles, de grandes feuilles fraîchement tirées dont chacune offrait la reproduction exacte d'un certain nombre de billets de la *Loterie des Arts industriels*, tels qu'ils étaient avant le timbrage et le numérotage.

Dans les casiers, des registres à souche se composaient de feuilles identiques à celles-là.

Cette pièce était simplement l'atelier d'un faussaire faisant partie d'une association créée dans le but de livrer au public, contre de bon argent, une prodigieuse quantité de billets de la *Loterie des Arts industriels* et de la *Loterie tunisienne*.

Le faussaire s'assit devant son petit bureau, décacheta le paquet, tira des enveloppes les mandats qu'elles renfermaient, les classa, prit une feuille de papier portant comme entête ces mots : LOTERIE DES ARTS INDUSTRIELS. — *Administration*, — et se mit en devoir de dresser le bordereau des sommes à toucher à la poste.

Au dessous du total, montant à la somme de *sept mille cinq cents francs*, le faussaire, avec une sûreté de main trahissant la grande habitude, traça ces mots d'une écriture absolument différente de celle du bordereau :

Approuvé le compte ci-dessus. — Bon pour toucher à la poste sur présentation des mandats.

Et enfin, au-dessous de cette mention, la signature du directeur, superbe de netteté, avec un paraphe magistral.

Il ne restait plus qu'à revêtir le bordereau de l'estampille administrative, ce qui fût fait avec un timbre de cuivre préalablement frotté sur un tampon imbibé d'encre bleue.

Un sourire vint aux lèvres du faussaire.

— C'est joliment travaillé ! — murmura-t-il ; — heureusement le mérite obtient sa récompense. Quand les loteries seront tirées, nous aurons sans courir grand risque gagné la forte somme! Je ne

donnerais pas ma part pour un million comptant!
Mon ami Placide Joubert peut se vanter d'avoir eu
une idée merveilleuse!

Après avoir placé dans un tiroir le bordereau et
les mandats à toucher, il poursuivit :

— Préparons, maintenant, les expéditions de
billets.

Ouvrant alors un volumineux registre à souche
contenant de faux billets de la *Loterie des Arts industriels*, billets exécutés avec un art si prodigieux
qu'il était pour ainsi dire impossible de les distin-
guer des véritables, il en détacha la quantité nécessaire pour satisfaire aux demandes adressées, les
mit sous des enveloppes identiquement pareilles
aux enveloppes de l'administration, et sur la partie
cachetée de chacune d'elles, il apposa le timbre à
l'encre bleue.

Tout était bien prévu, bien combiné... — On
n'abandonnait rien au hasard.

Aussi la ténébreuse officine, fonctionnant depuis
à peu près un an, avait placé sans encombre plus
de deux millions de billets faux à Paris, en province et à l'étranger.

L'association se composait de trois membres :
— Placide Joubert, Marchal — (ainsi se nommait
le locataire du numéro 7 de la rue des Saussaies)

— et Baudoin, le garçon de bureau du palais de l'Industrie.

Joubert était la tête qui conçoit ; Marchal la main qui exécute, et Baudoin un complice en sous-ordre, mais indispensable et aussi largement partagé que les deux autres.

Depuis une heure environ Marchal travaillait quand un coup de sonnette le fit tressaillir.

— Ce doit être Baudoin qui revient chercher son bordereau... — se dit-il en se levant et en se dirigeant vers l'antichambre.

Avant d'ouvrir, il eut soin d'appuyer un de ses yeux sur une fissure presque imperceptible pratiquée dans les panneaux de la porte, ce qui lui permettait de voir qui se présentait chez lui, et par conséquent d'éviter une surprise.

S'il n'avait pas reconnu le visiteur il se serait bien garder d'ouvrir, toute personne inconnue étant pour lui suspecte.

Dans la maison qu'il habitait, Marchal se faisait passer pour un remueur d'idées, un inventeur, travaillant beaucoup et ne voulant être dérangé sous aucun prétexte.

Le concierge, avec lequel il se montrait généreux, lui croyait la cervelle un peu détraquée ;

mais ne demandait qu'à suivre à la lettre la consigne donnée par lui.

Du reste Marchal, ayant un autre logement dans le quartier Montmartre, ne recevait personne rue des Saussaies. — Les gens de sa connaissance ignoraient qu'il habitât cette maison, très commode pour lui d'ailleurs car elle avait deux escaliers, dont l'un communiquait avec une seconde cour dépendant de l'immeuble voisin appartenant au même propriétaire.

On eût frappé à la porte de Marchal au nom de la loi, qu'il aurait eu le moyen de s'échapper d'un autre côté.

Ajoutons que le faussaire ne portait ce nom de *Marchal* que rue des Saussaies. — Il en avait un autre pour son autre logis. Rue Cadet, il s'appelait Francis Garnier.

Vérification faite, il ouvrit à Baudoin qui venait chercher le bordereau et qui devait revenir à quatre heures apporter l'argent encaissé et prendre les paquets de billets faux à mettre à la poste et à *recommander*.

Placide Joubert, en qui ses deux associés avaient une confiance absolue, centralisait les fonds et les faisait valoir en attendant l'heure du partage.

A quatre heures, ainsi que nous le lui avons entendu dire à son principal employé, l'homme d'affaires de la rue Geoffroy-Marie rentrait dans son cabinet, recevait ses clients, mettait ses comptes en ordre puis, à six heures et demie, fermait les volets doublés de tôle des fenêtres, poussait les verrous intérieurs des portes, attachait les chaînes de sûreté qui rendaient l'effraction à peu près impossible, et regagnait son appartement particulier.

— Ici, je ne suis plus homme d'argent — se dit-il en en franchissant le seuil — je ne suis plus que père... — Demain, je m'occuperai de mademoiselle Rhodé. — Si je suis obligé de recourir aux grands moyens, je sais que je puis compter absolument sur Marchal et Baudoin. — Je les tiens... — Ils ne peuvent rien me refuser... — Aujourd'hui, tout à mon fils!...

XI

Joubert échangea son costume de ville contre une chaude robe de chambre dont l'ampleur dissimulait quelque peu les fâcheuses difformités de sa ersonne, et passa dans un petit salon coquet où brillait dans la cheminée un grand feu de bois de hêtre.

Là il se pelotonna au fond d'un grand fauteuil et il attendit.

Son attente fut courte.

Au bout de cinq minutes à peine un coup de sonnette retentit, et Léopold, le visage riant, l'air enchanté de lui-même selon son habitude, entra et vint serrer la main de son père, qui s'était levé pour le recevoir et dont la figure d'oiseau de proie devenait rayonnante.

— Bonjour, papa... — fit le jeune homme. — Tu vas bien, papa?...

— Merci, cher enfant... — répondit Placide d'une voix dont les intonations se faisaient caressantes, et en regardant son fils avec une sollicitude inquiète — je vais bien... et toi?

— Oh! moi, tu sais, papa, je me porte comme le pont Neuf... et même mieux, vu que le pont Neuf est vieux et que je suis dans la fleur de l'âge... — J'ai bon pied, bon œil, bon estomac... une riche santé, quoi!! — Muscles d'acier, nerfs de caoutchouc vulcanisé, rien ne me manque...

— Tu tousses toujours un peu, cependant...

— Inutile d'en parler... c'est la croissance...

— Je crains pour toi l'abus des plaisirs...

— Je n'abuse de rien du tout!... Je n'en fais ni plus ni moins que mes camarades, et ils sont moins vigoureusement construits que moi...

— Tu passes souvent tes nuits au cercle...

— Je me rattrape en dormant le jour... — Ça fait une moyenne de sommeil...

— C'est malsain... — Le sommeil du jour ne vaut pas celui de la nuit...

— Bast! laisse donc, papa; tout ça, c'est des bêtises... Il me faut, pour vivre, de l'activité... de la fantaisie...

— Trop de fantaisie, j'en ai peur... — Je voudrais te voir te ranger...

— Eh bien! papa, ça viendra... Ça viendra même plus tôt que tu ne le penses, et c'est l'amour qui en sera cause...

Placide Joubert tressaillit.

— L'amour!... — répéta-t-il. — Tu voudrais te marier, peut-être?...

— Eh! eh! papa, je ne dis pas non...

Un pli profond s'était creusé sur le front de l'homme d'affaires entre ses deux sourcils, indice d'une préoccupation très vive.

— Assieds-toi là — fit-il — et causons en attendant le dîner...

Léopold se laissa tomber entre les bras d'un fauteuil et Placide poursuivit :

— As-tu parlé sérieusement tout à l'heure?... — Penses-tu réellement au mariage?

— Oui, j'y pense, parole d'honneur! — L'envie me prend d'avoir un chez-moi, une femme à moi, des bébés à moi, de donner des dîners, des soirées, des petits bals gentils... d'aller en famille à droite, à gauche, à la campagne, aux bains de mer... de rentrer l'hiver à Paris, dans un petit hôtel très chic... d'être mon maître enfin...

— Ton maître!... — Ne l'es-tu pas?

— Fichtre non ! puisque tu me tiens la dragée haute !... Est-ce qu'un jeune homme est son maître avec une malheureuse pension de quinze cents francs par mois... — Dix-huit mille francs par an ! — la misère, papa ! la misère noire, tout bonnement !! — C'est mesquin, dix-huit mille francs ! Je me sens un appétit à en manger cent mille !...

— Eh bien — répliqua Placide Joubert — épouse une femme qui t'apporte cent mille livres de rentes...

— Où ça se rencontre-t-il, les dots de ce calibre-là, papa ? — demanda Léopold en riant.

— Je me charge de t'en trouver une... Je suis même certain de réussir dans un délai de six mois...

— Toi ! papa ! sans blague ?...

— Oui.

— Alors, c'est que l'héritière sera bossue, borgne ou boiteuse.

— Je ne le suppose pas...

— Tu ne fais que ne le supposer... tu n'en es donc nullement certain ? Eh bien ! papa, inutile de te mettre en quête. Tu es assez riche pour me doter toi-même, et si tu mettais la main *illico* sur l'héritière en question, je refuserais de la connaître...

— Tu refuserais ! — s'écria Placide ; — Pourquoi ?

— Parce que j'ai reçu un fort coup de maillet sur ma cloche d'amour... Tel que tu me vois, je suis pincé... oh ! mais là, pincé pour de bon !...

— Tu plaisantes !... Amoureux, toi !... amoureux à épouser ?

— Oui, papa... je le suis... Parole !... — Je possède un béguin de première grandeur... — C'est bébête, je ne dis pas non, mais qu'est-ce que tu veux ? C'est comme ça...

— La femme que tu aimes ?...

Léopold réunit trois de ses doigts sur la bouche, fit le geste d'envoyer un baiser, et répondit :

— Jolie comme un cœur !... un vrai cœur....

— Riche ?

— Oh ! quant à ça, pas un radis !...

Placide regarda son fils avec une stupeur mêlée d'inquiétude.

Evidemment il se demandait si Léopold devenait fou.

— Allons !... allons ! tu veux rire... — murmura-t-il pour se rassurer. — Tu es en gaieté, ce soir...

— Parlons peu, mais parlons bien... — interrompit le gommeux... — Je suis toqué d'une jeune personne charmante, la vertu même !... — Ce n'est point sa faute si elle n'a pas le sac ; et d'ailleurs, moi, j'en aurai un, ce qui rétablira l'équilibre. —

Tu me donneras la forte somme, nous nous marierons, nous serons heureux et nous aurons beaucoup d'enfants, ce qui te rendra grand-père... — Hein ? C'est ça qui sera gentil et rigolo, papa, d'être grand-père ?...

Placide s'était levé et marchait de long en large avec agitation.

Brusquement il s'arrêta en face de Léopold :

— Et tu te figures que je prêterai les mains à un mariage aussi ridicule, aussi absurde, aussi insensé ?... — demanda-t-il d'une voix tremblante.

— Je me figure cela, oui, papa.

— Eh bien, tu te trompes !... Je ne consentirai jamais !... jamais !...

— Turlututu ! Tu aimes trop ton petit Léopold pour vouloir son malheur, et, si je n'épousais pas celle que j'idolâtre, je serais malheureux.

— Je t'aime trop pour te laisser faire une sottise que tu regretterais toute ta vie !! — Comment ! j'aurais travaillé trente ans, non pour moi, mais pour te préparer un avenir magnifique ; j'aurais entassé sou sur sou, écu sur écu et jaunet sur jaunet, dans le but unique de te voir un jour cinq ou six fois millionnaire ; et pour satisfaire une fantaisie stupide, un caprice imbécile, tu détruirais mes espérances, tu ferais crouler mes rêves !... Tu épouserais une intrigante sans le sou, quand je m'engage à te trouver avant six mois une femme t'apportant plus de deux millions et demi ! ! Allons donc ! allons donc ! allons donc !

— Papa, je ne l'aimerais point, ta femme aux deux millions et demi...

— Qu'est-ce que ça fait ?... — Dans l'existence le cœur n'est rien... l'argent est tout...

— Papa, tu parles en homme d'affaires...

— Certes !... et j'ai raison !... — C'est au point de vue des affaires et non du sentiment qu'il faut envisager la vie !..,

— J'ai cru cela !... je ne le crois plus depuis que je suis amoureux...

— Mais enfin, quelle est donc cette femme qui t'a fait si complètement perdre le peu de sens commun que tu possédais ?...

— C'est une orpheline... une pauvre petite créature frêle et souffrante, à qui je rendrai la santé en lui donnant la fortune et le bonheur... — Il me semble que ça sera une assez belle action, ça... hein, papa ?...

— Le nom de cette orpheline ?

— Claire Gervais...

Joubert fit un bond.

— Claire Gervais !... — répéta-t-il avec un accent

de sourde colère. — Cette fille des faubourgs populaciers... cette malheureuse ouvrière qui sort de l'hospice et qui n'a pas même une robe décente et un fichu de laine à se mettre sur le corps !! Je ne te croyais que sot, tout à l'heure... maintenant je te crois fou !!

— Tu connais Claire ? — balbutia Léopold stupéfait.

— Eh! oui, pardieu! je la connais!... et, la connaissant, je me demande d'où peut venir ton caprice pour une fille sans beauté, sans fraîcheur, sans grâce, sans élégance, et n'ayant que le souffle... Ah ! ça, mais tu es donc aveugle ?...

— Il ne faut pas discuter les goûts, papa, et tes yeux ne sont point les miens... — hasarda le gommeux.

— Soit !... ne discutons rien... Tu as mauvais goût, voilà tout ! C'est ton affaire !... Eh bien, puisque tu es toqué de ce laideron ou, ce qui revient au même, que tu te figures en être toqué, prends Claire Gervais pour ta maîtresse... — Dans sa position il est impossible qu'elle te résiste... — Au bout de trois mois, tu auras de la péronnelle par-dessus la tête, et tu épouseras, dans six mois, l'héritière que je te destine, — une héritière de deux millions et demi !... — Sinon, je te couperai

7

les vivres carrément, et tu t'arrangeras comme tu pourras... — J'ai travaillé, tu travailleras ! — Voilà mon dernier mot !

Placide Joubert parlait d'une voix de plus en plus étranglée, car son irritation grandissait à chaque mot.

Léopold était devenu pâle.

Il connaissait l'adoration de son père pour lui ; mais il savait aussi que ce père voulait être obéi, et que, quand il s'était buté à une idée, il n'en démordait point.

Donc il serait parfaitement capable de mettre à exécution ses menaces.

Entamer une discussion ne pouvait amener aucun résultat satisfaisant, — au contraire.

— C'est bon... c'est bon... — se hâta de répondre Léopold. — Inutile de te congestionner comme ça ! Quand tu te mets en colère, le sang te monte à la tête... — Ça finirait par te jouer un mauvais tour... — Tu me donneras six mille francs de pension de plus... — Je tâcherai d'oublier la petite en faisant la fête, et nous recauserons de tout ça dans six mois...

Placide Joubert poussa un soupir d'allègement.

Léopold allait réfléchir. — Que Claire Gervais devînt ou non sa maîtresse, il ne penserait plus à la prendre pour femme et, au bout de six mois, ne demanderait qu'à épouser l'héritière encore inconnue des deux millions et demi du comte de Rhodé.

L'entretien fut d'ailleurs interrompu par l'arrivée de la domestique, qui ouvrit la porte du salon et prononça la phrase sacramentelle :

— Monsieur est servi.

— Allons dîner, papa — dit Léopold. — J'ai une faim de loup !...

Le père et le fils passèrent dans la salle à manger et se mirent à table ; mais pendant toute la durée du repas Placide resta silencieux et sombre, malgré les efforts de Léopold pour le dérider. — Il avait beau se dire et se répéter qu'en six mois tout s'arrangerait et que le caprice du jeune homme serait passé depuis longtemps, il ne pouvait s'empêcher d'éprouver une vague inquiétude.

Désagréablement impressionné par la maussade physionomie de son père, le gommeux mit les morceaux doubles pour être plutôt libre et, aussitôt le café pris, il se leva.

— Tu pars ? — lui demanda Placide.

— Avec empressement — répondit-il — car je te prie de croire que ce soir tu n'es pas drôle du tout.

— Tu réfléchiras à ce que je t'ai dit.

— C'est convenu... — Je n'ai qu'une parole... — Tu augmentes ma pension de six mille francs ; donne-moi mille écus d'avance...

XII

L'homme d'affaires tira son portefeuille et donna trois billets de mille francs à son fils, qui lui serra la main et quitta la maison.

Léopold, tout en s'éloignant, murmurait :

— C'est qu'il me couperait les vivres parfaitement bien !... Ah ! mais ! Entêté comme une mule ! Je le connais, papa !... — Le diable emporte son projet de mariage riche ! — Il faut en revenir à ma première idée... Claire Gervais sera ma maîtresse au lieu d'être ma femme et, en y réfléchissant bien, cela vaudra peut-être autant ! — Décidément tout est pour le mieux dans le meilleur des mondes !

Tandis que s'éloignait le gommeux, Placide enfermé dans sa chambre se disait :

— Le nigaud !!!... — Je n'aurais jamais supposé

que la jeunesse d'aujourd'hui fût aussi stupide !...

— Amoureux !... la belle affaire !... Et, par amour pour cette péronnelle il ferai fi des deux millions et demi que je convoite pour lui !!... Cela ne doit pas être !... cela ne sera pas !... — Tant pis pour cette Claire Gervais qui vient se jeter sottement à la traverse de mes projets !... — Je l'écarterai de ma route par tous les moyens !... Si elle est un obstacle, eh bien ! les obstacles, on les brise !... Je la briserai !...

Et le visage de Placide Joubert, ce visage aux yeux ronds, au bec d'oiseau de proie, prenant une expression sinistre, menaçante.

La pauvre Claire Gervais, cause inconsciente de l'orage qui grondait sous le crâne de l'homme d'affaires, ne se doutait guère, en regagnant, brisée de fatigue, son humble demeure, que non seulement sa tranquillité se trouvait compromise, mais que sa vie même était peut-être menacée.

Au moment où elle rentrait rue des Lions-Saint-Paul, la concierge qui la guettait l'arrêta au passage.

— Entrez donc un moment, mignonne, — lui dit-elle, — venez vous réchauffer un peu... — Il fait si froid dehors que les ruisseaux gèlent et, légèrement vêtue comme vous l'êtes, vous devez grelotter...

— Je crois bien qu'il gèle, en effet — répliqua Claire en entrant et en s'asseyant près du poêle : — mais j'ai tant marché que je ne sens plus le froid.

— Avez-vous dîné, au moins ?...

— Non... pas encore... — Si voulez me prêter une tasse pour m'éviter de remonter mes cinq étages, j'irai chercher du bouillon et je me ferai une soupe...

— Et voilà tout ?.

— Dame! oui, voilà tout... — Vous savez que je suis très pauvre, et mes deux mois de maladie ne m'ont point enrichie !... — Il faut être économe...

— Même aux dépens de sa santé ?... des économies de nourriture !

— Que voulez-vous que je fasse ?

— Ce que je veux ? ce que je veux !... — Ah! je le sais bien, ce que je voudrais et ce qu'il vous faudrait... — Mais c'est pas tout ça... — je vais dîner... je ne me prive de rien, moi... la santé d'abord ! — J'ai une soupe aux choux et un ragoût de mouton aux pommes de terre... C'est souverain pour l'estomac... — Vous allez manger avec moi, et vous boirez un grand verre de vin... — Ça vous donnera des forces...

— Vous êtes trop bonne, ma chère dame — murmura Claire — et je ne sais si je dois...

— Vous devez... vous devez... — interrompit la concierge. — Tenez, je mets deux couverts, et une nappe blanche pour vous faire honneur...

L'orpheline avait grand'faim.

Elle ne résista plus. — Pendant qu'elle chauffait ses pieds endoloris, une petite toux sèche soulevait de temps à autre sa poitrine.

La portière, tout en plaçant les assiettes sur la table, la regardait du coin de l'œil et pensait:

— Si un peu de bien-être ne lui arrive pas tout de suite, avant trois mois on la portera en terre, la pauvre enfant...

Puis elle ajouta, en remplissant de potage une assiette creuse :

— Allons, ma petite chatte, venez vous asseoir là et mangez...

Claire obéit, toute confuse.

— Avez-vous trouvé de l'ouvrage chez votre ancienne patronne? — demanda la concierge pour ne pas laisser tomber l'entretien.

— Hélas! non... — J'étais remplacée... — Je n'ai trouvé qu'un travail de pacotille pour l'exportation... un travail si mal payé, qu'en me tuant de fatigue c'est tout au plus si je viendrai à bout de gagner trente sous par jour...

— Ah! bonté divine!... Est-ce bien possible ?...

— Que trop !...

— Comment se loger, s'éclairer, se chauffer, se nourrir avec trente sous par jour?

— Il faudra bien que ça me suffise...

— C'est une désolation ! — Vous vous épuiserez à la tâche et dans quinze jours il faudra retourner à l'hospice !

— J'en ai grand'peur... Mais le moyen d'éviter cela?...

Cette question fournissait à la concierge une entrée en matière dont elle se hâta de profiter.

— Le moyen... le moyen ! — répéta-t-elle — Ah! parbleu ! je le connais, le moyen !!

L'orpheline leva sur son interlocutrice ses grands yeux étonnés, et répliqua avec un sourire mélancolique :

— Si vous le connaissez, apprenez-le moi donc !

— Voyons, ma petite chatte, il ne s'agit pas de s'égarer dans les feux de file, pas vrai ? — Nous avons causé tantôt de pas mal de choses, et notamment d'un certain jeune homme...

— Oh! madame!... — interrompit Claire dont le pâle visage devint pourpre, — vous n'allez point me parler de lui, j'espère ?...

— Pourquoi donc pas, s'il vous plaît...

— Je ne veux rien entendre à son sujet... — Vous connaissez mes résolutions...

— Bast ! les résolutions, ça change... — les vôtres changeront...

— Jamais !

— Turlututu ! — Nous verrons ça quand je vous aurai dit ce que j'ai à vous dire... Dans tous les cas, m'écouter ne vous engage à rien, et d'ailleurs, que vous m'écoutiez ou non, je suis décidée à parler quand même...

Claire baissa la tête avec la résignation muette d'une personne qui doit subir ce qu'elle ne peut pas empêcher.

La portière continua:

— Il est revenu pendant que vous cherchiez de l'ouvrage, ce pauvre jeune homme... Il était encore là tout à l'heure... — Il avait quasiment les larmes dans les yeux en me disant qu'il vous aime, qu'il vous idole...

— Et, sans doute, il vous a chargée de me le répéter...

— Oui, et j'ai consenti quand j'ai vu combien ça lui chavirait l'âme de savoir que vous souffriez...

— Vous n'aviez pas le droit de confier mes chagrins à un étranger !!

— On a toujours le droit, quand on porte aux

gens un grand intérêt, de les empêcher, si on peut, de mourir à la peine...

— Je mourrai peut-être à la peine, mais je ne m'avilirai pas !... — Cessez donc de plaider la cause de votre protégé... elle est perdue d'avance !... — Je vous avais priée de congédier ce jeune homme, de lui faire comprendre qu'il n'avait rien à attendre de moi... — Vous me l'aviez promis... — Comment m'avez-vous tenu parole ?...

— C'est justement en vous tenant parole que j'ai changé d'idée, comme tout à l'heure vous en changerez vous-même...

— Je ne vous comprends pas.

— Qu'est-ce que vous répondriez si je vous disais que le jeune homme est un bon jeune homme, et que ses intentions sont pures ?

Claire eut aux lèvres un sourire d'incrédulité.

— Si j'ajoutais qu'il veut vous épouser ?... — continua la portière.

— Je ne vous croirais point... — répliqua l'orpheline en haussant les épaules.

— Vous auriez tort, car rien n'est plus vrai. D'abord il est riche...

— C'est justement pour cela qu'il ne songe guère à m'épouser... — Est-ce que les jeunes gens riches épousent les filles qui n'ont rien ?...

— Quand ils sont amoureux, parfaitement !... — Ça s'est vu, ça se verra encore... — Et il est amoureux de vous...

— Un caprice n'est point de l'amour... — D'ailleurs, moi, je ne l'aime pas...

— Qu'est-ce que ça fait?... on n'aime pas et on épouse tout de même...

— Si je dois me marier ce ne sera qu'avec un homme à qui j'aurai donné mon cœur...

— Tout ça, ma mignonne, c'est des grands mots qui ne signifient rien... — Il faut d'abord songer à vivre...

— Vivre ! — répéta l'orpheline d'un ton plein d'amertume — Que m'importe la vie? qu'a-t-elle pour moi de si enviable?... — Je souffre, vous le savez bien... — La mort serait une délivrance...

Le cœur trop gonflé de la pauvre enfant déborda. — Ses sanglots éclatèrent ; — un torrent de larmes coula sur ses joues.

— Voyons... voyons... ma chère fille... — reprit la concierge d'une voix mielleuse, — il ne faut point pleurer... — A quoi que ça vous avance de vous rougir les yeux?... S'agit de devenir raisonnable... — Vous verrez ce bon jeune homme...

— Jamais !... — Je ne veux pas le voir...

— Il vous dira qu'il vous aime... Il vous parlera de ses intentions...

— Je ne veux pas l'entendre...

— Cependant...

— Et je vous supplie — intrrompit Claire — je vous supplie de ne plus me parler de lui...

En présence du parti pris de l'orpheline, la portière comprit qu'il serait inutile et maladroit d'insister davantage ce jour-là ; mais elle se dit *in petto* :

— Quand elle n'aura plus une bouchée de pain à se mettre sous la dent, il faudra bien qu'elle se décide à entendre raison... — et ça ne tardera guère... — je la repincerai...

Claire avait cessé de manger.

Elle se leva.

— Vous n'avez déjà plus faim, ma mignonne?... — demanda la concierge.

— Plus du tout...

— Encore un peu de ragoût de mouton?...

— Merci bien... je ne pourrais pas... — Je vais me coucher et apprêter ma lampe pour demain matin, car à cinq heures il faut que je sois debout... — J'ai promis de reporter demain soir, à neuf heures, le travail qu'on m'a confié... — Au revoir, ma chère dame, et croyez que je suis bien reconnaissante de l'excellent repas que vous m'avez fait faire...

— Tout à votre service, ma fille. — Je vous souhaite un bon sommeil ; mais, avant de vous endormir, songez à ce que vous ai dit... — C'est pour votre bien, croyez-moi... On peut passer devant la porte du bonheur, et plus tard, quand il n'est plus temps, on regrette de ne pas s'être arrêté... — Pensez-y, ma mignonne...

Claire avait toujours le cœur gros.

Elle ne répondit pas, prit le petit paquet renfermant le travail du lendemain, et lentement, péniblement, gravit les marches conduisant à son cinquième étage.

XIII

En sortant de l'étude de maître David, le notaire de la rue de Condé, mademoiselle de Rhodé, encore sous le coup de l'émotion violente qu'elle venait de ressentir, eut quelque peine pendant un instant à mettre de l'ordre dans ses idées.

Thérèse, la dévouée servante, s'aperçut de son trouble et, une fois assise à côté d'elle, dans la voiture qui allait les ramener au numéro 129 de la rue Saint-Honoré, lui en demanda l'explication.

Depuis bien des années Thérèse entourait de soins et de dévouement sa maîtresse, et celle-ci n'avait aucun secret pour elle.

A la question qui lui était faite, l'aveugle répondit tout d'abord par des sanglots; puis, d'une voix à peine distincte, elle balbutia :

— Ma fille... ma fille...

— Vous avez des nouvelles de votre enfant ? — s'écria Thérèse.

— Elle existe. — Je puis la retrouver... Je puis avoir l'espérance de l'embrasser un jour...

— C'est chez le notaire que vous avez appris cela?

— C'est chez lui. — Le misérable qui m'avait volé ma fille n'existe plus ! — Sa mort me permet de croire que mon enfant me sera rendue...

Et alors, fiévreusement, avec de brusques alternatives de colère et de joie, mademoiselle de Rhodé raconta ce qui venait de se passer chez maître David.

Après avoir écouté avec une attention profonde, Thérèse hasarda ces mots :

— Où chercher cette enfant, puisque la dernière personne à qui elle a été confiée a disparu ?

— Je ne le sais pas encore... Mais je le retrouverai... mon cœur me le dit... mes pressentiments me l'affirment... Un homme doit venir demain... le légataire universel de Joachim Estival... il m'a promis de faire pour moi les démarches que m'interdit ma cécité... il me tiendra parole... il réussira, j'en suis sûre...

— Ah ! ma pauvre chère maîtresse ! — dit Thérèse avec effusion ; — que le bon Dieu sera bon s'il vous envoie cette consolation après tant de souffrances et de chagrins... Au moins vous pourrez vivre heureuse et le cœur en paix... Ça sera justice !

— J'ai foi en Dieu, Thérèse ; il m'a frappée durement, mais il aura pitié !

Le fiacre s'arrêta. — On était arrivé.

La brave servante paya le cocher, fit descendre sa maîtresse et la guida vers le petit logement qu'elle occupait au troisième étage de la maison, sur la cour, et qui se composait de trois pièces et d'une cuisine.

Mademoiselle de Rhodé, pauvre maintenant, réduite à végéter avec une rente viagère de deux mille francs, s'était trouvée maîtresse, jadis, d'une fortune considérable.

Nous devons raconter brièvement à nos lecteurs comment et en quelles circonstances cette fortune avait disparu.

Pauline-Isaure de Rhodé appartenait à une excellente et très ancienne famille du Poitou, dont le dernier représentant mâle, le comte Jules de Rhodé, venait de mourir en Algérie.

Jules de Rhodé avait eu un frère plus jeune que lui de trois années.

Ce frère était le père de Pauline.

Quoique riches tous les deux, ils n'avaient voulu ni l'un ni l'autre d'une vie oisive et inutile.

Sorti l'un des premiers de l'Ecole polytechnique, Jules de Rhodé s'était acquis comme ingénieur une grande réputation.

Paul de Rhodé, le père de Pauline, avait suivi la carrière de la magistrature et il occupait à Paris la situation de président du tribunal civil.

Jules, esprit mal équilibré sous certains rapports, caractère acariâtre, nature égoïste et jalouse, ne comprenait rien aux joies de la famille et se proposait de rester garçon tandis que Paul, au contraire, se sentait attiré vers le bonheur intime, vers les épanchements du foyer.

Il se maria jeune et épousa mademoiselle Gabrielle de Ronceray.

Malgré les différences de leurs instincts et de leurs manières de comprendre l'existence, les deux frères conservaient ensemble des relations suivies.

Au bout d'une année de mariage madame Gabrielle de Rhodé mit au monde une fille, ce qui rendit son mari l'homme le plus heureux du monde entier.

Ce bonheur complet devait être, hélas ! de courte durée.

Quelques mois après la naissance de l'enfant qui

avait reçu, au baptême, les noms de Pauline-Isaure, la jeune mère fut emportée par une maladie soudaine, et Paul désespéré jura de ne se remarier jamais.

L'enfant grandit sans avoir connu sa mère.

Elle avait quinze ans accomplis lorsque son père alla rejoindre dans la tombe la seule femme qu'il eût aimée.

Jules de Rhodé fut nommé par le conseil de famille tuteur de sa nièce et chargé, par conséquent, de l'administration de sa fortune montant à cinq cent mille francs.

Célibataire égoïste, n'ayant d'ailleurs qu'un appartement restreint quoique élégant et confortable, M. de Rhodé ne voulut rien changer à ses habitudes et décida qu'il laisserait sa nièce dans le pensionnat où elle se trouvait, jusqu'au jour de sa majorité.

La jeune fille, instruite de cette décision, n'accepta point sans une violente révolte la pensée que pendant six mortelles années il lui faudrait végéter dans ce couvent, où elle se regardait comme prisonnière; — elle fit part de cette révolte à son oncle, et le supplia de la prendre avec lui après sa première année de deuil.

Jules de Rhodé refusa nettement.

Pauline fut obligée de se soumettre ; mais en se soumettant elle ne se résigna point.

Malgré son extrême jeunesse elle avait soif de liberté, de mouvement ; elle aspirait aux plaisirs de ce monde qu'elle ne connaissait que par les racontars de ses amies de pension, et dont elle rêvait chaque nuit.

Quand arrivait l'époque des vacances son oncle la conduisait chez des amis de sa famille, dans un vieux manoir du Poitou perdu au fond des bois. — Là elle passait deux mois entre un châtelain de soixante-cinq ans et une châtelaine qui n'en avait pas moins de soixante.

Sans les longues promenades qu'on lui permettait de faire dans la campagne, sous la surveillance d'une gouvernante engagée tout exprès, elle aurait regretté volontiers d'avoir échangé le lourd ennui du pensionnat contre un ennui plus lourd encore.

Quelle que soit la lenteur avec laquelle le temps marche, il marche cependant.

Cinq ans passèrent.

Pauline atteignit sa vingtième année...

— Dans douze mois je lui rendrai ses comptes et je la marierai — se disait son oncle en se frottant les mains — et alors, adieu la tutelle !

Malheureusement pour l'orpheline, les choses ne devaient pas s'arranger ainsi.

Les châtelains du Poitou chez qui mademoiselle de Rhodé passait ses vacances recevaient peu, d'habitude, et presque exclusivement des gens âgés.

Il n'en fut point de même l'avant-dernière année, à cause de la présence d'un neveu qu'ils considéraient comme leur héritier.

Ce neveu, qui devait ouvrir la chasse au château et y passer quinze jours ou trois semaines, avait amené quelques amis plus ou moins intimes, parmi lesquels se trouvait un garçon de vingt-cinq ans, Parisien bien tourné, possédant à fond l'esprit et la langue du boulevard, et suppléant à l'esprit par l'aplomb.

Sans fortune connue, joueur enragé, brûlant la vie, gâté par les femmes, trop gâté même, bien accueilli partout, mais médiocrement estimé de ceux qui ne lui refusaient point une banale poignée de mains, il avait infiniment d'élégance, énormément de chic, et ne pouvait manquer de plaire à mademoiselle de Rhodé.

Aussi lui plut-il, et beaucoup.

Dès le premier jour, dès la première heure, Pauline se sentit conquise. — Il est juste d'ajouter qu'elle n'opposa pas la moindre résistance au sentiment qui s'emparait d'elle.

Gaston Dutil — ainsi se nommait le jeune homme — avait beaucoup entendu parler de mamoiselle de Rhodé.

Il savait qu'elle possédait cinq cent mille francs au moins, et que dans un an, le jour de sa majorité, elle serait maîtresse absolue de sa fortune et de sa main.

Riche et jolie ! — Quelle aubaine pour le viveur besoigneux, dont le jeu et les femmes avaient été, jusqu'alors, les uniques ressources.

Cette aubaine, il ne fallait point la laisser échapper. — Gaston Dutil fit tout ce qu'il fallait pour cela, et le fit avec un plein succès.

Quand Pauline retourna au couvent, elle emportait au fond de son cœur l'amour le plus romanesque et le plus exalté, soigneusement entretenu par Gaston qui trouva moyen, grâce à la complaisance d'un professeur de musique admis dans la pension, de faire passer des lettres à la jeune fille.

Pauline répondit à ces lettres.

La correspondance, chauffée à blanc, dura pendant dix mois.

Aux vacances suivantes, les deux jeunes gens se retrouvèrent en Poitou.

Gaston Dutil, froidement calculateur et nullement épris, sauf de la fortune à conquérir, jouait avec un talent de premier ordre la comédie de l'amour.

Cet amour, Pauline l'éprouvait réellement et avec une violence indicible. — La passion, chez elle, arrivait presque à la folie.

Jules de Rhodé vint au château passer trois jours auprès de sa nièce qui, la semaine suivante, allait atteindre sa majorité.

Au moment de partir pour l'Algérie, où devaient le retenir pendant plusieurs mois des travaux importants confiés par le gouvernement, M. de Rhodé avait résolu de rendre sans le moindre retard ses comptes de tutelle à sa pupille, et de la marier au fils de l'un de ses amis.

Il le lui dit :

— Vous songez à me marier, mon oncle!! — s'écria la jeune fille avec autant de stupeur que d'inquiétude.

— Parfaitement.

— Sans me consulter ?

— Te consulter... — à quoi bon ?... — C'est à moi, en ma double qualité d'oncle et de tuteur, d'avoir de la raison pour deux... — J'ai trouvé pour toi un excellent parti; un garçon bien né, bien élevé, n'ayant rien de déplaisant dans sa personne, possédant à l'heure qu'il est trois cent mille francs de l'héritage de sa mère, et devant en avoir autant du côté de son père... — Tu lui apporteras en dot cinq cent mille francs, augmentés d'une partie des intérêts capitalisés depuis six ans. — Vous serez riches... — Je te présenterai ton futur dans quelques jours — il voyage en ce moment — et, la veille de la signature du contrat, je te remettrai tes comptes et tes capitaux.

— Vous me remettrez mes comptes, cher oncle — répliqua Pauline d'un ton résolu — mais je vous prie de ne vous occuper en aucune façon de mon contrat... — Inutile aussi de me présenter le jeune homme auquel vous avez pensé pour moi... — Sans le connaître, je le refuse...

XIV

Jules de Rhodé n'était point patient.

— Que signifie cela? — s'écria-t-il avec colère en fronçant les sourcils.

— Cela signifie que mon cœur m'appartient; — répondit Pauline sans baisser les yeux devant le regard irrité de son oncle — que je prétends en disposer à ma guise et ne prendre à ce sujet l'avis de qui que ce soit... — Et tenez, mieux vaut que l'explication qui doit avoir lieu entre nous soit immédiate... — J'ai donné mon cœur... J'aime quelqu'un...

M. de Rhodé n'en croyait pas ses oreilles.

— Tu aimes quelqu'un! — répéta-t-il. — Tu te permets d'aimer quelqu'un!...

— Oui, mon oncle.

— Sans mon consentement!!!

— L'idée de vous le demander ne m'est même pas venue! — Vous m'avez habituée à vivre loin de vous et vous n'avez jamais sollicité ma confiance, vous l'auriez repoussée plutôt... — Pourquoi vous aurais-je fait confidence de mes sentiments?... — Enfin, à cette heure, vous savez tout...

— Pas encore, puisque je ne sais pas le nom de l'homme que tu prétends aimer!

— L'homme que j'aime se nomme Gaston Dutil...

— Gaston Dutil! — répéta M. de Rhodé en haussant les épaules avec un ricanement. — Un garçon sans naissance, sans fortune, sans position!... Un aventurier déconsidéré qui passe pour vivre du jeu et des femmes!

— C'est de la calomnie, mon oncle! — interrompit Pauline indignée.

— De la médisance, tout au plus! — Décidément tu es folle... incapable de te conduire... — Heureusement je suis là... — Tu n'épouseras point Gaston Dutil!!!...

— Et qui m'en empêchera?...

— Moi.

— De quel droit?

— Du droit que me donne mon âge, les liens de

famille qui nous unissent et le nom que je porte!
— Je t'empêcherai de salir ce nom en l'unissant à celui d'un chevalier d'industrie coureur de dots! — Oui, de par tous les diables, je t'en empêcherai!

— Je vous en défie, mon oncle! — Jusqu'ici j'ai plié devant votre volonté qui m'opprimait! aujourd'hui, je suis majeure, et je me révolte! — Je ne dépends plus de vous... — Je prétends être et rester libre de disposer absolument de ma personne et de mon avenir, et je n'attends de vous que deux choses, vos comptes de tutelle et ma fortune...

Jusqu'à ce moment la colère empourprait le visage de M. de Rhodé.

Une pâleur presque livide remplaça sans transition cette teinte cramoisie.

L'oncle de Pauline fit un violent effort pour se dominer.

Il y parvint.

— C'est bien! — dit-il avec une apparence de calme que démentait le tremblement de sa voix, devenue très rauque. — Je vous rendrai vos comptes et vous entrerez en possession de votre fortune; mais souvenez-vous que je ne suis plus pour vous un parent... je suis un ennemi... je vous le prouverai...

M. de Rhodé sortit de la pièce où venait d'avoir lieu l'entretien.

Une heure après il avait quitté le château.

Naturellement Gaston Dutil questionna Pauline au sujet de ce brusque départ.

La jeune fille dit la vérité et raconta la scène violente à laquelle nous avons fait assister nos lecteurs.

Ce récit effraya Gaston. — Il craignit un retour offensif de l'oncle, et il résolut de mettre Pauline dans l'impossibilité de revenir sur les décisions prises.

Pour arriver à ce but il suffisait de se créer des droits en faisant sa maîtresse de celle qui se considérait comme sa fiancée.

Confiante et passionnément éprise, ce fut à peine si Pauline résista. — Il lui semblait se donner non à son amant, mais à son mari, puisque dans quelques semaines, ou plutôt dans quelques jours, elle serait madame Dutil.

Maître de la situation, Gaston n'avait plus qu'à attendre.

Son attente fut courte.

Quarante-huit heures après le départ de M. de Rhodé, Pauline reçut du notaire de sa famille une lettre la priant de se trouver dans son cabinet le surlendemain, à une heure indiquée, pour recevoir les comptes de son tuteur et donner décharge.

Gaston partit pour Paris le soir même et, le lendemain, il attendit à la gare mademoiselle de Rhodé qu'il conduisit dans un hôtel où il avait retenu pour elle un appartement.

Le jour suivant, à l'heure indiquée, Pauline se rendit chez le notaire. Jules de Rhodé s'y trouvait déjà, calme, froid, impassible.

La reddition des comptes eut lieu. — La fortune liquide, tenue par le notaire à la disposition de la jeune fille, atteignait le chiffre de six cent vingt-cinq mille francs.

Aussitôt que fut signé l'acte constatant la régularité de son administration pendant la tutelle, Jules de Rhodé salua le notaire et sortit du cabinet sans avoir adressé la parole à sa nièce.

Pauline, emportant un chèque à vue de six cent vingt-cinq mille francs sur la Banque de France, rejoignit son amant.

— Je suis désormais maîtresse de moi-même, — lui dit-elle — marions-nous vite.

Gaston répliqua que, ce mariage étant le plus cher de ses vœux, il était non moins pressé que Pauline elle-même ; — il ajouta que, né en Belgique de parents français il allait, afin d'éviter tout retard, se rendre à Bruxelles d'où il rapporterait les papiers nécessaires.

Il partit en effet, mais non les mains vides, — il emportait, sauf une trentaine de mille francs, tous les capitaux retirés de la Banque dont Pauline lui avait confié la garde, en le chargeant de leur trouver un placement avantageux.

Nous croyons superflu d'ajouter qu'il ne revint pas.

Cet honnête jeune homme avait réfléchi qu'une femme légitime est un embarras très lourd, un objet fort encombrant; que Pauline se permettrait sans doute de contrôler l'emploi de sa fortune, qu'enfin, une fois marié, ses créanciers inexorables ne manqueraient point de le harceler et de lui rendre la vie insupportable.

Seul maître au contraire de la forte somme, il en disposerait à l'étranger librement, sans contrôle, fréquenterait Bade et Hambourg et, pouvant lutter contre les banquiers du *trente-et-quarante* avec de gros capitaux, il deviendrait millionnaire.

Disons tout de suite, pour n'avoir plus à nous occuper de ce drôle, qu'il perdit en quelques semaines jusqu'au dernier sou de l'argent volé; qu'à la suite d'une querelle avec un aigrefin de son espèce il se battit en duel, au pistolet, reçut une balle dans la tempe droite et tomba raide mort.

Revenons à Pauline, mais ne nous attardons pas à décrire son désespoir quand elle se vit dépouillée, abandonnée, et surtout quand des signes certains lui révélèrent qu'elle portait dans son sein l'enfant d'un misérable qu'elle ne reverrait jamais.

Si elle n'alla point se jeter dans la Seine du haut d'un pont, c'est que la pensée de cet enfant la contraignait à vivre. — Elle n'avait pas le droit de l'entraîner dans la mort avec elle...

Faisant appel à toute son énergie mademoiselle de Rhodé loua, rue de Varenne, un petit logement en rapport avec ses ressources désormais si modestes; — c'est alors que Thérèse, encore toute jeune, entra à son service pour ne plus la quitter.

La grossesse suivit son cours.

Pauline accoucha d'une fille, et la fibre maternelle s'éveilla soudainement dans son cœur qu'elle croyait mort à toute affection.

En face du berceau du petit être vagissant, elle oublia l'abandon, la honte, le désespoir ; — elle sentit que des liens nouveaux la rattachaient à la vie.

Un mois après ses couches, la jeune mère se trouvait seule avec son enfant, Thérèse étant allée faire quelques emplettes dans un quartier lointain et devant revenir tard.

La porte du logement s'ouvrit et un homme entra.

Mademoiselle de Rhodé poussa un cri d'épouvante en reconnaissant son oncle, et comprenant que sa fille était menacée elle se jeta entre lui et le berceau.

Le comte s'avança vers elle.

— Je sais tout ce qui s'est passé — lui dit-il d'une voix sourde. — Je l'avais prévu... — Vous avez traîné dans la boue votre nom qui est le mien... Vous êtes une créature flétrie, déshonorée, une fille-mère! — Je n'ai pu l'empêcher, mais j'empêcherai du moins votre bâtarde de traîner à son tour dans la boue le nom que vous aurez l'impudeur de lui laisser porter. — C'est assez de fange comme cela dans notre famille. — Je prends cette enfant et vous ne la reverrez jamais !

Ces paroles, et surtout le ton avec lequel elles furent prononcées, glacèrent Pauline jusqu'aux moelles.

Elle se laissa tomber à genoux.

— Ayez pitié de moi!... balbutia-t-elle, — faites-moi grâce!... Laissez-moi ma fille! Si vous me l'enlevez, j'en mourrai...

Jules de Rhodé, sans même répondre, continua son chemin, atteignit le berceau, prit l'enfant dans ses bras et se dirigea vers la porte.

Pauline alors, se relevant d'un bond, s'élança, le rejoignit et, poussant des clameurs inarticulées entremêlées de supplications et de menaces, se cramponna des deux mains à ses épaules pour le retenir.

Mais que pouvait la faiblesse de la jeune femme contre la vigueur de l'homme ?...

Implacable dans sa haine, Jules de Rhodé la repoussa avec une violence si brutale qu'elle alla rouler sur le parquet, à l'autre extrémité de la pièce, en poussant un gémissement sourd.

Sa tête heurta l'angle d'un meuble. — Le sang coula. — Pauline perdit connaissance, tandis que son oncle, sans s'inquiéter de savoir s'il la laissait morte ou vivante, s'éloignait en emportant l'enfant.

Quand Thérèse rentra, une demi-heure plus tard, elle trouva le berceau vide et sa maîtresse évanouie...

Longtemps, mademoiselle de Rhodé fut entre la vie et la mort.

La jeunesse finit par l'emporter, après une lutte terrible contre la mort guettant sa proie; mais pendant les complications de sa maladie Pauline devint aveugle, sans aucune chance apparente de guérison.

Comment vivre?

Les trente mille francs que Gaston Dutil avait daigné ne pas emporter furent placés en rente viagère sur la tête de Pauline, et cette rente subvint tant bien que mal aux modestes besoins de l'aveugle et de sa servante, ou plutôt de sa compagne.

Nos lecteurs savent comment, après seize années, l'espoir de retrouver sa fille, — espoir bien vague et bien incertain — venait d'être rendu à mademoiselle de Rhodé.

XV

Placide Joubert, convoitant pour son fils les deux millions et demi laissés par le comte Jules de Rhodé à sa petite-nièce Jeanne-Marie, n'avait garde d'oublier le rendez-vous demandé la veille à l'aveugle.

A midi précis il sonnait à la porte du modeste logement qu'habitait, rue Saint-Honoré, au troisième étage, la mère de l'enfant disparue.

Mademoiselle de Rhodé l'attendait, et elle avait prévenu Thérèse de sa visite.

La brave servante alla vivement ouvrir et ne put contenir un mouvement de surprise, presque d'effroi, en se trouvant en face du personnage à la fois grotesque et sinistre que nous connaissons.

Habitué à produire cette impression partout où

il se présentait pour la première fois, Joubert ne fut nullement surpris et il dit, en accompagnant ses paroles d'une sourire qui ressemblait à une grimace :

— Mademoiselle de Rhodé a dû vous avertir qu'elle attendait quelqu'un... — Ce quelqu'un, c'est moi.

— Entrez, monsieur... — répliqua Thérèse.

Et elle conduisit Joubert auprès de sa maîtresse.

— Je suis exact au rendez-vous que vous m'avez fait l'honneur de m'accorder, mademoiselle... — dit le nouveau venu en saluant l'aveugle.

— Je vous remercie, monsieur, de cette exactitude... — Veuillez prendre un siège, vous asseoir près de moi, et me pardonner de ne point vous faire mieux les honneurs de mon pauvre logis...

— Très pauvre, en effet... — pensa l'homme d'affaires en jetant un rapide regard autour de lui.

— La misère décente.... Je ne pouvais désirer mieux...

Il prit une chaise et s'assit, tandis que l'aveugle allant droit au but entamait l'entretien en ces termes :

— Hier, monsieur, vous m'avez offert de vous occuper des recherches dont le but sera de me faire retrouver ma fille...

— Je vous ai fait cette offre, mademoiselle, et cela pour deux raisons : — d'abord, je suis profondément ému de votre douleur et je déplore la cécité fatale qui vous réduit à l'inaction ; — ensuite il est de mon devoir de retrouver la jeune fille disparue, ce qui me permettra de faire emploi des trente mille francs déposés chez le notaire et dont vous connaissez la destination...

— Je crois vous avoir entendu dire, monsieur, que vous aviez déjà tenté quelques démarches...

— Oui, mais elles ont été très superficielles... — Dès que nous serons d'accord sur différents points, je me mettrai sérieusement à l'œuvre...

— Oh! le plus tôt possible, monsieur, je vous en supplie!... — s'écria mademoiselle de Rhodé en joignant les mains. — Songez donc que, depuis seize ans, je suis séparée de mon enfant!

— Je ne perdrai pas un instant, je vous le promets... — Avez-vous des indices à me donner?

— Pas le moindre, hélas!... — Quand ma fille m'a été volée, elle avait un mois à peine, et c'est hier, pour la première fois, dans les circonstances connues de vous, que j'ai entendu prononcer son nom, que j'ai pu supposer qu'elle était vivante encore...

— Je serai donc obligé, pour trouver une piste à

suivre, de remonter jusqu'au point de départ indiqué dans le testament de feu mon ami Joachim Estival... — C'est le seul parti à prendre... je le prendrai...

— Puisse le fil conducteur ne pas se briser dans vos mains!...

— Soyez sans crainte... — Je suis bon chien de chasse... j'ai du flair... — Une fois sur la voie, j'irai jusqu'au bout!...

— Que Dieu vous entende!... — Maintenant, monsieur, parlons de cet héritage dont le comte de Rhodé donne la nue propriété à ma fille, et à moi l'usufruit...

— A quoi bon nous en occuper en ce moment?... — interrompit Joubert. — Sans l'héritière nous ne pouvons rien... Songeons à la retrouver d'abord...

— Sans doute; mais je ne sais quel infaillible instinct m'avertit que ma fille existe et qu'elle me sera rendue... Je dois donc songer à l'avenir, comme si mon beau rêve était réalisé déjà... — Une fois mon enfant retrouvée, il y aura une grosse somme à payer pour la mettre en possession de l'héritage...

— Les *droits de mutation*... — Une somme importante, en effet, dont maître David nous a donné le chiffre...

— Je l'ai dit hier .. ces droits énormes, je serai hors d'état de les payer...

— Vous l'avez dit, et j'ai répondu : — *Nous causerons de cela, demain*...

— C'est pour cela, monsieur, que je voudrais savoir aujourd'hui le fond de votre pensée..,

— Rien n'est plus simple, mademoiselle... — Je suis homme d'affaires... J'ai une clientèle très étendue... — Je me trouve en rapport avec des manieurs d'argent, des banquiers, des capitalistes, qui tiennent des fonds à ma disposition quand j'ai trouvé pour ces capitaux un emploi rémunérateur et de tout repos. — Sur ma demande, une fois l'héritière retrouvée, l'un d'eux avancerait la somme nécessaire pour satisfaire le fisc, moyennant la certitude de toucher de bons intérêts jusqu'au moment où votre fille serait mise après vous en possession d'une fortune dont l'usufruit vous appartient pour toute votre vie...

— Mais alors — s'écria Pauline — l'obstacle n'existe plus...

— Je me fais fort de le supprimer ; seulement je dois vous prévenir que mes capitalistes sont des gens à tirer de leur argent tout ce qu'il peut rendre... par conséquent le taux de l'intérêt sera très élevé... trop élevé...

— Eh! qu'importe cela, monsieur, puisqu'il s'agit de sauver l'héritage de ma fille? — Pour arriver à ce résultat, aucun sacrifice ne doit me sembler coûteux!...

— C'est parler sagement, mademoiselle...

— Mais vous-même, monsieur, vous aurez droit à des honoraires considérables...

— Nous causerons de cela plus tard...

— Je trouve bien préférable de nous mettre d'accord à l'instant... — Vous allez vous livrer à des recherches longues et difficiles qui prendront tout votre temps... il vous faudra sans doute avancer de l'argent...

— C'est probable, pour ne pas dire certain...

— L'usufruit de la fortune de ma fille, cet usufruit qui m'est assuré, représente une grosse somme... — Je puis vous en déléguer une partie, pour vous couvrir de vos honoraires et de vos avances...

— C'est impossible, mademoiselle...

— Impossible! — Pourquoi?

— D'après les termes du testament de M. le comte de Rhodé, les revenus provenant de l'usufruit sont incessibles et insaisissables...

— Comment donc faire, alors?

— Les moyens de tourner la difficulté ne manquent pas... — Vous pourriez, soit me souscrire des billets pour une somme équivalant à celle qu'en votre âme et conscience vous jugerez me devoir, soit me remettre une simple reconnaissance contenant l'engagement de me payer cette somme en trois années, à des époques fixes...

— Rien n'est plus simple, et je suis prête à signer cette reconnaissance...

— Il faudrait, en outre, vous engager à la faire ratifier par le conseil de famille qui sera nommé lorsque nous aurons retrouvé votre enfant...

— Pourquoi cette ratification? — demanda Pauline surprise.

— Parce que, dans le cas où vous viendriez à mourir avant de m'avoir payé, je perdrais le bénéfice de votre engagement si le conseil de famille ne reconnaissait pas cette dette comme devant incomber à la légataire universelle.

— C'est juste. Eh bien! monsieur, rédigez l'engagement et je le signerai...

— Rien ne presse...

— Cela presse beaucoup, au contraire... j'ai hâte que nous soyons liés par un acte... il me semble que ce sera comme un premier pas fait vers la réalisation de mes espérances...

— Si vous y tenez, mademoiselle, j'aurai l'honneur de vous obéir. — Nos conventions, d'ailleurs, ne peuvent avoir leur effet qu'en cas de succès — Veuillez me dire quelle somme il vous paraîtra juste de m'allouer après la réussite...

— Les deux millions et demi de l'héritage me donneront à peu près cent mille francs de rentes, n'est-ce pas ? — demanda l'aveugle.

— A peu près...

— Eh bien ! monsieur, cent mille francs d'honoraires, payables en trois années, vous paraîtront-ils suffisants ?

— Certes, mademoiselle, et vous agirez magnifiquement en agissant ainsi...

— Alors, monsieur, préparez l'acte...

— Ici ? — tout de suite ? — s'écria l'homme d'affaires, jouant l'étonnement.

— Pourquoi non ? — je vous répète que j'ai hâte...

— Votre volonté sera faite, mademoiselle... — J'ai toujours sur moi du papier timbré ; seulement j'aurai besoin d'un encrier et d'une plume...

— N'y a-t-il pas sur cette table, à gauche, ce que vous réclamez ? — Si quelque chose manque, je vais sonner.

— Inutile... — Tout est là..

Joubert alla s'asseoir devant la petite table désignée par Pauline, tira de sa poche un portefeuille, y prit une feuille de papier timbré qu'il étala devant lui et sur laquelle il écrivit rapidement un certain nombre de lignes méditées à l'avance.

Quand il eut terminé, il se leva et dit :

— C'est fait... Voici le petit acte... Votre femme de chambre pourrait vous en donner lecture, et vous seriez certaine...

Il s'interrompit.

— Que vous ne me trompez pas?... — acheva la pauvre mère... — C'est inutile. J'ai confiance en vous... Quel homme faudrait-il que vous fussiez, monsieur, pour abuser de la confiance d'une aveugle?...

— Vous me jugez bien, mademoiselle, — fit Joubert d'une voix émue, — et vous avez le droit de compter sur moi... — Mon dévouement et mon zèle vous sont absolument acquis...

— Je n'en doute pas... — Veuillez donc me lire le texte de la reconnaissance...

— Voici...

Et l'homme à mine d'oiseau de proie lut d'une façon lente et distincte les phrases suivantes :

— « Je reconnais devoir à M. Sosthène-Placide Joubert, homme de loi, demeurant à Paris rue

Geoffroy-Marie, n° 1, la somme de cent mille francs pour avances d'argent, dépenses et démarches de toute nature déjà faites et encore à faire dans le but de retrouver ma fille Jeanne Rhodé; m'engageant à lui payer cette somme en trois années, par parties égales et par trimestre, à partir du jour où ma fille et moi nous serons mises en possession de l'héritage de feu mon oncle le comte Jules de Rhodé, décédé à Alger le 8 décembre 1883. — Je m'engage, en outre, comme tutrice naturelle de ma fille, à faire approuver cet engagement par le conseil de famille qui sera nommé, afin que ma fille prenne à sa charge la dette objet de cette reconnaissance, au cas où je viendrais à mourir avant parfait payement.

« Fait à Paris, le 17 janvier 1884. »

XVI

— Est-ce bien comme cela, mademoiselle?...
— demanda Joubert.

— Oui, monsieur... — répondit Pauline de Rhodé. — J'approuve de tous points cette rédaction... — Veuillez me donner la plume et mettre le papier sous ma main, de façon à ce que je signe...

L'homme d'affaires s'empressa de se conformer à ces indications, puis il ajouta :

— Avant de signer, il faudrait écrire ces mots : *Approuvé l'écriture!* — Le pourrez-vous?...

— Parfaitement... — Il suffira de placer la pointe de ma plume à l'endroit où je dois commencer...

— C'est fait...

L'aveugle, avec lenteur mais d'une façon très nette, très régulière, traça les trois mots, puis elle signa.

— C'est tout, mademoiselle... — lui dit Joubert en la débarrassant de la plume et en prenant la reconnaissance qu'il glissa dans son portefeuille. — Il ne me reste plus qu'à vous présenter mes respects et à prendre congé de vous...

— Retrouvez ma fille, monsieur !... — s'écria Pauline de Rhodé. — Fouillez Paris, cherchez partout et, si la somme que je viens de m'engager à vous payer ne suffisait pas, vous me verriez prête à m'engager de nouveau... mais, au nom du Ciel, faites l'impossible !... Rendez-moi mon enfant !...

— Je serai digne de votre confiance... mademoiselle... — Dès aujourd'hui je commencerai mes recherches...

— Et vous me mettrez au courant des résultats obtenus par vous, n'est-ce pas ?

— Ce sera le premier de mes devoirs... — Dès que je tiendrai une piste, je m'empresserai de venir vous en informer...

— Eh bien ! allez, monsieur, et que Dieu, qui a permis notre rencontre, me protège et vous guide !!

Placide Joubert quitta l'aveugle, reconduit par

Thérèse, qui après avoir fermé la porte derrière lui revint auprès de sa maîtresse.

— Ah! chère mademoiselle, — dit la fidèle servante avec des gestes effarés — quel monstre de laideur que cet homme-là!... — Rien que de l'avoir vu, j'en suis toute chavirée!... — Et c'est à ce vilain oiseau que vous avez confié vos intérêts !!

— Pourquoi non?... — Il ne faut pas juger les gens sur l'apparence — répliqua l'aveugle.

— S'il n'était qu'affreux, ça pourrait passer, mais il a une mauvaise figure... ses yeux sont louches... son regard est faux...

— Tout cela ne prouve rien... — M. Joubert, m'ayant été recommandé par le notaire David chez qui nous étions hier, m'inspire toute confiance, malgré cette laideur dont vous parlez... — La plus disgracieuse enveloppe peut renfermer une belle âme... — N'est-ce pas lui qui a eu pitié de ma situation et qui m'a offert ses services, à moi, pauvre aveugle, ne connaissant personne, ne pouvant rien?... — Croyez-moi, Thérèse, ma confiance ne sera pas déçue... Cet homme est actif, intelligent, dévoué... il retrouvera mon enfant... il me rendra ma fille...

La fidèle servante ne répliqua point, mais elle hocha la tête.

Elle n'était pas convaincue.

Placide Joubert, en quittant l'aveugle, donna l'ordre au cocher du fiacre qui l'avait amené de le conduire au numéro 154 de la rue de la Roquette.

Tout en roulant, l'homme d'affaires se frottait les mains.

— Ce serait bien le diable si je ne retrouvais pas l'héritière des deux millions et demi de Jules de Rhodé ! — se disait-il — J'en inventerais une au besoin !... — Ça n'est pas rare les petites filles égarées sur le pavé de Paris, et grandissant sans qu'on sache d'où elles sortent et sans le savoir elles-mêmes... — Une seule difficulté : La médaille... — Mais l'aveugle possède celle que le notaire lui a remise... Je la lui emprunterai, sous un prétexte facile à trouver, et le premier graveur venu m'en fabriquera une pareille... — Mieux vaudrait cependant cent fois retrouver la vraie Jeanne-Marie... Ça simplifierait tout...

C'était au numéro 154 de la rue de la Roquette que demeurait jadis le mécanicien Prosper Richaud, à la femme de qui Joachim Estival avait confié la fille de mademoiselle de Rhodé.

Placide Joubert, alors qu'il n'existait pour lui qu'un intérêt des plus minimes à savoir ce qu'était devenue l'enfant, avait simplement questionné des voisins au sujet de Prosper Richaud et obtenu pour tout renseignement l'assurance que le mécanicien, sa femme et une petite fille qu'ils élevaient, n'existaient plus depuis la Commune.

Maintenant que la perspective des deux millions et demi aiguillonnait ses instincts cupides, l'homme d'affaires ne pouvait se contenter de si peu. — Il fallait aller au fond des choses.

Nombre de gens *disparus* ne sont pas morts.

Si par une heureuse chance on retrouvait vivants Richaud et sa femme, ou du moins l'un des deux, on saurait de façon nette et catégorique ce qu'était devenue la fille de l'aveugle.

Joubert entra dans la maison de la rue de la Roquette, et procéda cette fois à une enquête sérieuse, continuée au bureau des décès de la mairie du onzième arrondissement.

De cette enquête résulta la certitude de la mort de Prosper Richaud et de sa femme.

A cette époque infâme et sanglante, qu'une poignée de misérables exaltent aujourd'hui et voudraient voir renaître, on s'était empressé, une fois l'insurrection écrasée, de dresser le mieux possible les actes mortuaires des gens ramassés morts sur les barricades, ou pris les armes à la main et fusillés, et dont l'identité pouvait être établie.

Tel avait été le cas pour le mécanicien et pour sa femme.

Mais, de Jeanne-Marie, aucune trace. — Pas le moindre indice à son sujet. — Le néant absolu.

L'homme d'affaires ne désespérait point cependant.

Il avait appris, à la mairie, qu'après les luttes abominables de la guerre civile nombre d'enfants, errant dans les rues ou trouvés dans des chambres vides, avaient été recueillis par l'Assistance publique.

Rien ne prouvait que Jeanne-Marie ne fît point partie de ces enfants.

— C'est de ce côté qu'il faut diriger les recherches, — se dit Joubert. — Ce sera long, difficile, compliqué, mais peu importe, pourvu que j'arrive au succès définitif.

Dès le lendemain il adressa une demande d'audience au directeur de l'Assistance publique.

.·.

La tête faible, le cerveau mal équilibré de Léopold Joubert, tournaient à tout vent, nous le savons.

Une idée, chez lui, se substituait à une autre

idée brusquement, sans transition, et surtout sans la moindre apparence de logique.

Nous l'avons vu arriver rue des Lions-Saint-Paul parfaitement décidé à faire de Claire Gervais sa maîtresse, et en sortir non moins décidé à en faire sa femme.

Au moment où le gommeux quittait son père après l'entretien mis par nous sous les yeux de nos lecteurs, la girouette avait tourné de nouveau. — Léopold ne songeait plus à braver le courroux de Placide Joubert et à courir le risque certain de se voir couper les vivres en épousant Claire, mais il ne renonçait nullement à elle et, plus que jamais, il la voulait pour maîtresse.

— Cette petite est imprenable, à ce que prétend sa concierge, mais c'est une blague! une simple blague!! — pensait-il, en frisant d'un geste vainqueur sa moustache d'un blond déteint. — Il n'y a point de femmes imprenables... il ne s'agit que de savoir les prendre! — Comme les alouettes, elles viennent toutes voltiger autour du miroir qui les éblouit... — J'éblouirai Claire... — Je la fascinerai, non par de belles promesses qui ne signifient pas grand'chose, qui n'engagent à rien, qu'on peut ne point tenir et qu'on tient rarement, mais par des *offres réelles,* comme on dit dans la langue procédurière que parle si bien papa... — Qu'est-ce que je pourrais bien lui donner d'irrésistible?... Voyons ça... voyons ça...

Léopold réfléchit pendant quelques instants après s'être posé cette question, et se répondit :

— Si je lui achetais une jolie petite maison de campagne toute meublée, il me semble que ça aurait un galbe hypnotisant... — J'irais l'habiter aussi, moi, la petite maison de campagne, et avec la pension que me sert papa, nous y vivrons très heureux... — Seulement, voilà, — ajouta le gommeux en se grattant l'oreille — pour acheter l'immeuble en question il faudrait de l'argent... il en faudrait aussi pour nipper Claire avec un certain chic, car la pauvre fille n'a rien à se mettre sur le dos ! — Ça coûte bigrement, tout ça, et si je demandais des fonds à papa, je serais emballé dans les grands prix ! — Comment donc m'y prendre ? — Bast! je me passerai de papa... — Je vais chercher d'abord la bicoque, et ensuite j'irai chez mon ami Jacquier... l'ennemi intime de papa...

Les maisons de campagne à vendre aux environs de Paris ne sont pas plus rares que les galets au bord de la mer.

Dès le lendemain matin Léopold se mit en quête et trouva, à Fontenay-sous-Bois, un chalet meublé grand comme un joujou d'enfant, coquettement enfoui sous les arbres, dans un jardin de trois cents mètres, et qu'on lui fit vingt-cinq mille francs.

— Il fallait, pour traiter, s'adresser à un avoué qu'on lui désigna.

Le jeune homme demanda quarante-huit heures de réflexion, revint à Paris, se rendit au n° 7 de la rue Bleue, gravit l'escalier jusqu'à l'entresol, ouvrit une porte sur laquelle se trouvait une plaque de cuivre portant ce mot CONTENTIEUX, et se trouva dans l'antichambre d'un agent d'affaires.

— M. Jacquier est-il là? — demanda-t-il à un employé grossoyant à une petite table, et qui le salua d'un air de connaissance en répliquant :

— Oui, monsieur Joubert, toujours pour vous...

Et il introduisit le jeune homme dans un cabinet qui ressemblait beaucoup à celui de la rue Geoffroy-Marie.

Jacquier — *l'ennemi intime* de Placide Joubert, à ce que disait Léopold — était un homme d'une trentaine d'années à physionomie très mobile.

Il se leva, souriant, tendit la main à Léopold et s'écria :

— Ce cher ami ! ! Il y a trois semaines au moins qu'on ne vous a vu... — Comment ça va ? — Asseyez-vous, et dites-moi ce qui vous amène...

— Eh! pardieu! cher monsieur Jacquier, vous devez bien vous en douter... — fit Léopold en riant, — J'ai besoin de vous...

— Ah çà, monsieur votre père, mon très riche et très distingué collègue, serre donc de plus en plus les cordons de sa bourse ?...

— De plus en plus... mais c'est à bonne intention... il amasse de l'argent pour moi... il me laissera un fort magot, papa...

— Plusieurs millions, je le sais bien... et sans cela, quoique vous soyez un très charmant jeune homme, croyez que je ne vous ouvrirais pas, comme je le fais, ma modeste caisse... — Ah! oui il est riche, votre père, mais quel personnage insociable et quel vilain collègue!!... — Chaque fois qu'il y a concurrence entre nous pour de bonnes opérations, il me coupe l'herbe sous le pied... — Tout dernièrement encore il m'a enlevé une affaire de terrains où il y avait vingt-cinq mille francs à gagner... — C'était raide!... — Très malin, votre père!... Oh! très malin! De première force!... Je lui rends pleine justice, mais je ne l'aime guère...

— Ah! sapristi! lui non plus ne vous aime pas!... — Est-ce qu'il n'y a pas eu, autrefois, quelque chose entre vous ?

— Rien de particulier... — Rivalité de métier,

voilà tout... — Il m'a joué des tours, c'était son droit. — Un jour ou l'autre, j'aurai ma revanche... — Mais nous nous écartons du motif de votre visite... — Combien vous faut-il?...

XVII

Léopold avait établi mentalement son compte. — *Vingt-cinq mille* francs pour payer le châlet, *quinze mille* pour nipper Claire Gervais et lui acheter quelques bijoux, *dix mille* enfin pour parer aux dépenses imprévues et pour avoir un peu d'argent devant soi.

Aussi, à la question de Jacquier : — *Combien vous faut-il?* — Ce fut sans hésiter qu'il répondit :

— Cinquante mille francs.

Jacquier fit une grimace, une très forte grimace, et répéta :

— Cinquante mille francs !... — Fichtre, vous allez bien, vous !...

— C'est une bagatelle...

— Pour mon collègue millionnaire de la rue

Geoffroy-Marie, mais pas pour moi ! — Votre compte est déjà très chargé... — Vous me devez, à cette heure, cent vingt mille francs.

— Je vous les dois, d'accord ; mais vous me les avez prêtés intérêts en-dedans ; or, les intérêts n'étaient point minces et diminuaient bigrement vos déboursés...

— Croyez-vous que votre père prête pour rien ? — demanda Jacquier d'un ton sec. — Quand les toucherai-je, ces cent vingt mille francs, s'il vous plaît ?

— A ma majorité, — balbutia Léopold, déconcerté malgré son aplomb habituel.

— Pas le moins du monde !... — Vous n'aurez droit qu'à la maigre somme de cent vingt mille francs, reconnue par Placide Joubert à votre mère par contrat de mariage... — Eh bien ! vous en devez plus du double, car vous n'empruntez pas qu'à moi... — Inutile de nier, j'ai des preuves à l'appui plein les mains, puisque ces jours derniers j'achetais à Ricoux toutes ses créances, en même temps que son cabinet d'affaires, fondu avec le mien...

Léopold devint très pâle.

— Vous avez acheté toutes les créances de Ricoux ?... — bégaya-t-il d'une voix tremblante...

— Toutes, *sans exception*...

Jacquier souligna par l'intonation ces derniers mots, et poursuivit :

— Y compris certaine traite de dix mille francs... Je n'insiste pas... vous savez ce que je veux dire... Elle aurait pu, elle pourrait encore vous causer bien de l'ennui, la traite en question ; mais vous êtes jeune, et je regarde cette... légèreté comme un péché de jeunesse... — Il faut de l'indulgence dans la vie...

De pâle qu'il était, Léopold devint cramoisi.

— Rendez-moi cette maudite traite — balbutia-t-il — et je vais vous signer, en échange, un billet de quinze mille francs...

— Vous plaisantez ! — Je la garde et je vous la rendrai le jour où nous liquiderons notre petit compte... — répliqua Jacquier. — D'ici-là, soyez sans inquiétude... Elle est en sûreté dans ma caisse... — Nous disons donc que vous avez besoin de cinquante mille francs...

En entendant l'homme d'affaires revenir de lui-même au sujet qui le préoccupait fort, Léopold oublia la traite dangereuse et répondit :

— Oui, cinquante mille francs...

— Eh bien, mon jeune ami, toutes réflexions faites, il m'est impossible de vous les donner...

— Impossible !... — s'écria Léopold, dont le visage blafard exprimait la déception la plus complète. — Pourquoi ça?... Mais, pourquoi ça, donc?

— Parce qu'avec vous l'époque du remboursement est trop incertaine... On ne peut compter sur quoi que ce soit... — Vous n'aurez de fortune qu'à la mort de votre père, et mon honorable collègue est solide, quoique déjeté... — Ah! s'il était question pour vous d'un mariage riche à courte échéance, devant vous mettre en possession d'une jolie dot, sans compter ce que votre père vous donnerait, ce serait autre chose... — On pourrait se risquer sans trop d'imprudence... surtout étant gardé à carreau comme je le suis...

— Mais justement il y a un mariage en train... — dit vivement Léopold essayant de se raccrocher à cette branche de salut.

— Sérieusement?

— Ma parole d'honneur?

— Alors, donnez-moi des détails...

— Je ne puis vous en donner qu'un seul, mais bien important... la future a deux millions et demi de dot, nets et liquides...

— Joli denier!... Si avec cela elle n'est ni bossue, ni boîteuse, mes compliments! la connaissez-vous?

— Je ne la connais pas... — Il y a un mystère...

— Très mystérieux, papa!... Mais la chose sûre et certaine, c'est qu'il a sous la main la fille et la dot, ou qu'il va les avoir, et qu'avant six mois j'épouserai...

— Et vous croyez qu'il y a un mystère sous roche?... — fit Jacquier devenu rêveur.

— Ça saute aux yeux... — Papa me cache quelque chose... — Il a dû me dénicher une jeune personne *ayant petite tache*, comme on dit dans les annonces des agences matrimoniales...

— Et vous épouserez tout de même?...

— Parbleu! — répondit Léopold avec un rire cynique. — La grosse dot fera passer la petite tache...

— Au fait, vous avez raison; vous êtes dans le mouvement, et si j'étais convaincu que ce mariage aura lieu dans six mois...

— Gardez-vous d'en douter — interrompit le gommeux. — Quand papa a décidé qu'une chose se ferait, elle se fait... — Le moyen, d'ailleurs, de se mettre en état d'insurrection contre lui?... — il me couperait carrément les vivres, et c'est ça qui serait peu drôle!... J'épouserai les deux millions et demi, même si la future est bossue, ce qui serait pire que la tache... — Vous voyez donc que vous n'avez rien à craindre, absolument rien ! Soyez gentil et donnez-moi les cinquante mille francs dont j'ai besoin.

Jacquier parut se décider brusquement.

Il prit une feuille de papier timbré à billets sur laquelle il écrivit deux lignes, et la poussa devant Léopold en lui disant :

— Approuvez et signez... — Je vais vous donner votre argent...

— Quel bon garçon vous êtes !! — s'écria le gommeux imbécile, en s'empressant de mettre sa signature au bas de l'acceptation, sans même se préoccuper du chiffre énorme de l'intérêt.

— Bon garçon, oui, mais il faudrait se garder d'en abuser... — répondit Jacquier en jetant sur Léopold, qui ne s'en aperçut même pas, un regard froid d'une expression menaçante. — Si vous m'aviez conté des blagues... si vous vous moquiez de moi... si le mariage était un leurre... tant pis pour vous... — Je me servirais de ce que j'ai dans les mains... — Voici vos cinquante mille francs...

Et l'homme d'affaires tendit à Léopold cinq liasses de billets de banque de dix mille francs chacune, qu'il venait de tirer d'un coffre-fort placé près de son bureau.

Le jeune homme s'empressa de les faire disparaître dans sa poche, serra la main de son dangereux prêteur et quitta l'entresol de la rue Bleue.

Jacquier resté seul eut aux lèvres un sourire qui ne disait rien de bon.

— Je crois que cet idiot vient de me mettre sur la piste d'une riche affaire — murmura-t-il — et que bientôt j'aurai ma revanche des mauvais tours de Placide Joubert!... — Subtiliser à mon profit son héritière de deux millions et demi, c'est ça qui serait fort!... — Eh! eh! on ne sait pas...

Jacquier toucha le bouton d'une sonnette électrique.

Une porte placée dans un des panneaux du cabinet s'ouvrit, et un homme de trente-cinq ans environ, long et maigre, au visage glabre, aux yeux vifs et fureteurs, parut sur le seuil.

Ses vêtements râpés, mais propres, trahissaient la gêne. — Il avait une plume derrière l'oreille et de l'encre aux doigts.

— Vous avez besoin de moi, patron?... — demanda-t-il.

— Bonichon — lui dit Jacquier, — j'augmente vos appointements de cinquante francs par mois.

La figure allongée du scribe prit une expression d'étonnement si comique que l'homme d'affaires ne pût s'empêcher de sourire.

— Cela vous étonne?... — ajouta-t-il.

— Dame! patron, un peu, j'en conviens...

— Très bien !... — Cette modestie me plaît !... — Ma générosité vous surprend d'autant plus que vous avez conscience de ne la mériter qu'imparfaitement... — Je vais vous indiquer un moyen de vous en rendre digne, en me prouvant tout à la fois votre zèle et vos aptitudes.

— Patron, je ferai de mon mieux... — De quoi s'agit-il?

— De savoir quelle est l'affaire qui préoccupe en ce moment mon collègue Placide Joubert.

— Le mal-bâti de la rue Geoffroy-Marie ?

— Oui.

— Dites-moi, s'il vous plaît, patron, de quel genre d'affaire il est question...

Jacquier haussa les épaules.

— Si je m'en doutais, je n'aurais pas besoin de vous... — répliqua-t-il. — Elle doit rapporter de l'argent, cette affaire, beaucoup d'argent... — Je n'en sais pas plus long... à vous de découvrir le reste...

Bonichon se gratta l'oreille.

— La chose vous paraît-elle impossible? — reprit Jacquier.

— Elle ne me paraît nullement commode... —

Vous ne m'indiquez seulement pas un point de départ... — Placide Joubert est un oiseau qui ne se confie à personne, pas même à ses employés... — Donc, inutile de chercher à faire parler ceux-ci... — il travaille seul...

— Vous n'en aurez que plus de mérite à réussir...

— Mais, comment?

— Est-ce à moi de vous apprendre qu'en s'attachant aux pas d'un homme, en le suivant comme son ombre, en épiant ses moindres démarches, on doit arriver promptement à deviner le sujet de ses préoccupations?... — Si vous réussissez, d'ailleurs, la récompense ne se fera pas attendre car, en échange d'un renseignement utile que vous m'apporterez, je vous remettrai une gratification de cinq cents francs...

Le famélique employé fit un bond.

A peine s'il pouvait en croire ses oreilles, tant lui paraissait incroyable la pluie d'argent prête à tomber sur lui.

— Patron, je réussirai! — je réussirai, je le jure!!! — s'écria-t-il. — Placide Joubert a beau être malin, je serai plus malin que lui.

— Allez donc, et agissez vite! — Songez que c'est très pressé... — Vous aurez certainement de petits frais à faire... voici cent francs pour les couvrir.

Bonichon prit le billet de banque que lui tendait Jacquier, salua jusqu'à terre et sortit du cabinet en chancelant comme un homme ivre.

L'imprévu de la situation et les horizons dorés qu'elle faisait miroiter devant ses yeux le grisaient littéralement.

Sans perdre une minute il allait se mettre en campagne.

XVIII

En quittant la rue Bleue, Léopold Joubert se fit conduire à la rue des Lions-Saint-Paul.

Les liasses de billets de mille francs qu'il sentait dans sa poche lui donnaient un aplomb extraordinaire, et ce fut d'un air conquérant qu'il franchit le seuil de la loge du numéro 27.

— Ah! ah! c'est vous, mon jeune monsieur, — fit la concierge en hochant la tête — j'avais promis que je vous écrirais au cas où j'aurais une bonne nouvelle à vous apprendre...

— Eh bien! ma chère dame?

— Eh bien! je ne vous ai pas écrit. C'est qu'il n'y avait rien de satisfaisant à vous dire...

— Vous n'avez donc pas trouvé l'occasion de

parler à Claire? — demanda le jeune homme d'un air piteux.

— Je lui ai parlé... Je lui ai dit tout ce qu'on pouvait lui dire... — répliqua la concierge.

— Et ça n'a produit aucun effet?

— Ça en a produit un mauvais... — Ça nous a mis très en froid, la petite et moi.

— Elle n'a pas compris que je voulais l'épouser?...

— Elle n'en a pas cru un traître mot...

— C'est cependant la vérité vraie... — Je l'épouserai, parole!!

— Quand?

— Dès que j'aurais l'âge de pouvoir me passer du consentement de papa...

— Turlututu!... Et en attendant le mariage vous voulez, vous pas bête, que la petite vous donne un acompte... — Connu!... — Et au bout de quinze jours, mettons un mois pour faire grandement les choses, vous la planterez là!... — Tous les mêmes, ces gueusards d'hommes!! — La petite fait bien de ne point vous écouter... J'en ferai autant à sa place... à moins que vous ne puissiez lui donner une preuve de votre bonne foi...

— Mais je ne demande qu'à lui en donner, des preuves!... — s'écria Léopold. — Je lui en donnerai tant qu'elle voudra!... — Une maison de campagne avec ses meubles, à son nom, tout de suite! Il me semble que ça serait une preuve, et une fameuse!... — Elle signera demain l'acte si elle veut...

La concierge regarda son interlocuteur d'un air complètement ahuri.

— Une maison de campagne avec ses meubles!... — répéta-t-elle. — Vous donneriez une maison à Claire Gervais?...

— Mais oui, parbleu!... payée comptant... et avec la maison des billets de mille pour s'installer, pour se nipper, pour se monter... — Voilà comme je suis!... — Ça n'est donc pas d'un honnête jeune homme qui veut épouser, tout ça?

— Si!... si!... C'est superbe!... c'est magnifique!... Impossible que Claire refuse ça à son futur mari... — Il faudrait qu'elle soit folle!... — Eh bien! revenez avec l'acte d'achat de la maison et les billets de banque en poche... — Je vous conduirai près de la petite, je plaiderai pour vous, et elle se laissera persuader, ou alors, si elle s'obstine, c'est qu'elle aura en tête l'idée fixe de mourir de faim!...

— Je cours prendre rendez-vous avec le propriétaire, et commander le notaire!...

Et Léopold sortit de la loge, laissant la concierge éblouie par la grandeur de ses procédés, et révoltée de la niaiserie de cette *petite dinde* de Claire, qui ne saurait peut-être pas mettre à profit la stupéfiante occasion de fortune que lui envoyait sa bonne étoile.

Il était trop tard pour aller ce jour-là chez l'avoué chargé de vendre la maison de Fontenay-sous-Bois, mais le jeune homme s'y rendit le lendemain matin.

Cet avoué se nommait Lamarche et demeurait rue de Bucy.

Léopold le mit au courant du motif de sa démarche.

— Vous avez visité l'immeuble? — demanda l'avoué.

— Oui.

— Vous savez le prix?

— Vingt-cinq mille francs...

— Le paiement doit avoir lieu comptant...

— L'argent est prêt.

— Veuillez alors déposer en mes mains une somme de cinq mille francs, que je remettrai au notaire chargé de la rédaction de l'acte, et donnez-moi vos nom et prénoms.

— Je ne suis qu'intermédiaire... — répondit Léopold en rougissant un peu.

— Alors, le nom de l'acheteur ?

— Claire Gervais.

— Célibataire ou en puissance de mari ?

— Célibataire.

— Demeurant ?

— Rue des Lions-Saint-Paul, numéro 27. — Je souhaiterais que l'acte fût signé au domicile de mademoiselle Gervais... — Est-ce possible ?

— Parfaitement. — Le notaire, prévenu, se rendra rue des Lions-Saint-Paul ou déléguera son maître clerc.

— Quand la signature pourra-t-elle avoir lieu ?

— Demain, sans le moindre doute.

— L'heure ?

— Onze heures du matin, si vous voulez.

— Parfaitement... — A dix heures et demie, j'irai prendre le notaire à son étude... — Veuillez me donner son adresse...

— Maître Thierry, rue Dauphine, numéro 26.

Léopold écrivit quelques mots sur son agenda et reprit :

— Maintenant, monsieur, il ne me reste qu'à vous remettre les cinq mille francs à valoir...

— Dont je vais vous donner reçu... — A quel nom, s'il vous plaît?...

— Au mien... Léopold Joubert!

L'avoué leva vivement les yeux sur le jeune homme.

— Léopold Joubert!... — répéta-t-il. — Seriez-vous parent de M. Placide Joubert, de la rue Geoffroy-Marie?...

— Je suis son fils... — Est-ce que vous connaissez papa?...

— Tout le monde connaît l'homme d'affaires le plus adroit et, dit-on, le plus riche de Paris... — Son *cabinet* vaut mieux qu'une *étude*... au point de vue pécuniaire, bien entendu!... — Voici votre reçu, monsieur Joubert, et je vais faire en sorte que le notaire se tienne à votre disposition demain matin !...

Léopold partit enchanté.

*
* *

Un très petit nombre de nos lecteurs savent au juste ce que c'est qu'un atelier de peintre en décors.

Un atelier de décorateur de théâtre ne rappelle en quoi que ce soit l'atelier d'un peintre de tableaux, fût-ce de tableaux d'histoire, et, si modeste qu'il soit, il ne saurait occuper un espace ayant moins de trois cents mètres de superficie.

Ce n'est point sur un chevalet, même gigantesque, que le décorateur de théâtre brosse ses toiles, c'est sur le plancher, et sous un jour venant entièrement du large vitrail du plafond.

L'immense salle, avec ses poutres et ses solives apparentes, ressemble à une halle beaucoup plus qu'à toute autre chose.

Sur les murailles peintes à la détrempe, ni tapisseries précieuses, ni trophées d'armes, ni bibelots, mais quelques esquisses au fusain, des portraits-charge, des titres de pièces avec des dates, des affiches de théâtre.

Au lieu de pinceaux légers, des brosses aux manches de trois centimètres de diamètre et d'une longueur d'un mètre quarante.

Comme palette, un large plateau sur lequel sont rangés des pots de grès remplis de couleurs.

C'est dans ces pots que le décorateur puise avec ses brosses les tons qu'il étale sur la toile et qui, heurtés et criards à la lumière du jour, deviennent harmonieux et fondus sous les feux de la rampe et des herses.

Nous prions nos lecteurs de vouloir bien nous accompagner rue du Montparnasse :

Là-bas, bien loin: tout près du Luxembourg...

chez l'un de nos décorateurs en renom.

C'est dans son atelier, de tout point pareil à une vaste halle, que nous retrouverons les quatre jeunes gens, — déjà rencontrés par nous sur le trottoir de la rue de Seine, — qui s'étaient cotisés en riant pour acheter un billet de la *Loterie tunisienne*, et qui avaient croisé Claire Gervais tenant à la main le billet de la *Loterie des Arts industriels* dont elle venait d'hériter.

Ces quatre jeunes gens — nous l'avons dit — se nommaient Adrien Couvreur, Jacques Lavaud, Charles Vivier et Claude Frémy.

Le peintre chef d'atelier préparait des *maquettes* dans un cabinet vitré.

Deux toiles immenses étaient clouées sur le plancher.

Adrien Couvreur s'était adonné d'une façon spéciale au paysage, et c'est sur la première des deux toiles qu'il travaillait, en compagnie de Lavaud et Frémy.

Ceux-ci fredonnaient tout en abattant de la besogne. — Adrien Couvreur restait silencieux.

Maniant d'une façon presque machinale la brosse dont il tenait le manche, il étalait des tons d'un bleu vaporeux et d'un rose pâle sur les crêtes neigeuses fermant l'horizon de sa toile.

Il avait l'air rêveur, et sa rêverie était évidemment de la nature la plus sombre.

Claude Frémy, occupé sur le bas de la toile à ombrer le tronc d'un gros chêne dont le feuillage servait de repoussoir aux *lointains*, regardait de temps en temps, à la dérobée, son ami.

— Que diable se passe-t-il donc? — se demandait-il. — Depuis que nous avons acheté notre billet de loterie, Adrien a une figure d'enterrement, lui si gai d'ordinaire... le plus gai de nous quatre. — Ma parole d'honneur, il m'inquiète, le copain!...

Au moment où Frémy formulait *in petto* cette réflexion, une voix claire, — celle de Jacques Lavaud — s'élevait à l'autre extrémité de l'atelier.

— Tu sais, Frémy — disait cette voix — dans trois jours il y aura un tirage de la *Loterie tunisienne* ; par conséquent nous gagnerons un lot, c'est fatal !... — Ça n'aurait pas été la peine de prendre un billet, si nous ne devions rien gagner...

— Qu'est-ce que nous ferons de notre argent ?

— Le placement est tout indiqué, mon vieux... — répliqua Claude. — Nous achèterons l'Ambigu à Rochard, nous commanderons un drame à Busnach et nous serons nos propres décorateurs... Hein? quel chic?

— Et si nous avons besoin d'un décor de cimetière, nous en chargerons Couvreur... Il a beau étaler des jolis tons bleus et roses sur sa toile, il broie du noir...

Lavaud et Vivier, quittant leur travail, s'étaient rapprochés de Frémy.

— C'est vrai — dit Vivier — il a l'air d'un croque-mort... — il ne nous entend même pas... — Voilà plus de huit jours qu'il fait cette tête-là !... il commence à m'inquiéter...

XIX

— Eh! Couvreur! — cria Lavaud en faisant un porte-voix de ses deux mains.

Adrien tressaillit comme un homme qui s'éveille, leva la tête, regarda le jeune peintre et murmura :

— Qu'y a-t-il donc?

— A quoi penses-tu? — Demanda Frémy.

— Moi?... à rien... tu vois... je travaille...

— Tu travailles, oui, mais ton esprit est bien loin de ton travail... Tu es lugubre comme une matinée d'enterrement, et plus triste qu'un bonnet de nuit. — Bref, tu as quelque chose...

— Mais, non...

— Mais si! — Vrai, là, mon vieux, tu nous fais de la peine, à nous qui sommes tes amis.. — Depuis quelques jours tu nous lâches carrément!...

— Nous étions toujours ensemble... A présent, quand nous allons d'un côté, tu vas d'un autre...
— A déjeuner, jamais plus le mot pour rire !... — Ici tu manies tes brosses, les dents serrées comme un ours, toi qui donnais toujours le branle à la gaieté de l'atelier par tes rigolades !... — Tu me fais l'effet d'un nuage qui porte de la grêle !... — Voyons, qué qu't'as?

— Je n'ai rien...

— Es-tu malade ?

— Jamais de la vie !

— Alors, qu'est-ce qui te prend ? — T'avons-nous fait n'importe quoi qui n'était pas à faire, et ne sommes-nous plus amis ?

— Je n'ai rien à vous reprocher, vous le savez bien et nous sommes toujours amis...

— Dans ce cas, c'est que quelque chose te chagrine...

Adrien se sentait gêné par ces questions, que dictait évidemment une bonne et franche camaraderie.

— Mais encore une fois, — murmura-t-il — je vous assure que non...

— Oh ! voilà un *non* qui manque de franchise !... — Des cachotteries avec nous, c'est mal !! — Nous t'aimons, tu n'en doutes pas, et tout ce qui te touche nous touche! — Saperlipopette! déboutonne-toi donc et n'essaye point de t'échapper par la tangente... — Non seulement tes attitudes et tes allures ont changé, mais ton visage n'est plus le même... Tu es devenu pâlot. Tes joues se creusent... tes yeux se cernent... C'est pas naturel, tout ça...

— Il y a de l'amour là-dessous... — insinua Vivier.

Adrien Couvreur tressaillit malgré lui comme au moment où on l'avait arraché brusquement de sa rêverie.

— Je parie que j'ai touché juste... — reprit Vivier, à qui ce tressaillement ne pouvait échapper.

— Eh bien! oui! — fit tout à coup Adrien, prenant une décision soudaine — tu as touché juste... tu as mis le doigts sur la blessure saignante, douloureuse...

— Bref, mon pauvre vieux, c'est l'amour qui te rend comme ça?...

— C'est l'amour qui m'étreint... qui m'absorbe... qui me rend fou...

— Mazette!... des mots d'auteur! — C'est pas sérieux, ce que tu dis là?...

— Ce n'est que trop sérieux...

— Alors, tu en pinces pour quelqu'une qui ne peut pas correspondre à ton béguin ? — Une femme mariée, peut-être ? en puissance de jaloux ?

— Non.

— Une cocotte à laquelle il faudrait des billets bleus ?

Adrien haussa les épaules.

— Est-ce que je l'aimerais ? — répliqua-t-il dédaigneusement. — Est-ce que je voudrais d'un amour vendu, si j'avais de quoi le payer ?

— Alors quoi ? Une jeune demoiselle sage et vertueuse, dont la famille refuse de te la donner sous prétexte qu'elle a le sac ?

Couvreur secoua la tête.

— Ni femme mariée, ni cocotte, ni demoiselle ! — s'écria Vivier — le rébus est trop compliqué. — Je donne ma langue aux chats ! — Tu dérailles, mon pauvre vieux !

— Je vous ai dit que je deviendrais fou... — je le suis peut-être déjà... — fit Adrien. — Celle que j'aime, je l'ai rencontrée dans la rue, frêle et pâle, grelottant sous ses vêtements usés, portant sur son visage l'empreinte des privations, de la misère, de la souffrance. Depuis, je ne l'ai plus revue...

— Mais, saperlipopette... il fallait la revoir...

— La revoir !... — Comment ?... — je ne connais ni son nom, ni sa demeure...

— C'est un chapitre de roman-feuilleton du *Petit Journal* que tu nous racontes là ?

— Ce que je vous raconte est la vérité toute simple... — Celle que j'aime, vous l'avez vue comme moi et, malgré sa pâleur, malgré l'expression douloureuse de sa physionomie, vous l'avez trouvée charmante...

— Nous l'avons vue ? — s'écrièrent à la fois les trois camarades d'Adrien.

— Oui.

— Quand ça ? — Où ça ?...

— Rue de Seine... — Le jour même où nous avons acheté notre billet de Loterie...

— Comment ! — fit Lavaud — Cette petite blondinette maigrichonne, à laquelle tu as parlé, et qui tenait, elle aussi, à la main, un billet de loterie ?

— C'est elle.

— Je me souviens de sa pâleur... Elle chancelait en marchant et paraissait n'avoir plus que le souffle...

— Hélas !...

— Jolie, d'ailleurs, comme un cœur... — Eh bien ! mais il n'y a pas là de quoi se désespérer et jeter le manche après la cognée, comme on dit !...

— Tu gagnes largement ta vie, et quand il y a trop pour un il y a assez pour deux !... — Il ne s'agit que de retrouver la blondinette...

— Pour la retrouver, il faudrait d'abord savoir où la chercher...

— C'est vrai, pas d'adresse ! — Voilà une complication gênante ! — Comme ça, mon pauvre vieux, tu l'idolés sans seulement savoir si tu la reverras un jour ou l'autre !... — Sapristoche ! quel coup de marteau tu as reçu !...

— Oui, c'est de la folie ! Je l'adore et l'idée qu'elle est à jamais perdue pour moi me tue littéralement !... — Le matin, avant de venir à l'atelier, le soir après mon travail, je me mets à battre Paris... j'explore tous les quartiers, toutes les rues, espérant toujours qu'un hasard nouveau mettra cette enfant sur mon chemin... — Et je rentre le soir, épuisé de fatigue, en me disant : — A cette minute, elle souffre peut-être... elle est peut-être plus malade... elle est peut-être mourante, attendant, appelant un secours qui ne vient pas... qui ne viendra pas... — Alors, mon cœur se serre et mes larmes coulent... Oui, mes amis, moi, un homme, je pleure... je pleure comme un enfant...

— Voyons mon pauvre vieux — dit Vivier, qui ne raillait plus — faut te faire une raison, cependant!... — Si tu ne retrouves point cette petite, il ne s'agit pas d'en perdre à tout jamais le boire et le manger!...

— Oh! je la retrouverai! — s'écria Couvreur — je la chercherai tant, qu'il faudra bien que je la retrouve!..

— Eh bien, alors, du courage, donc!... — A quoi que ça servirait de te laisser abattre comme une femmelette et de maigrir de chagrin?... — Parole d'honneur, ça serait bébête! — Si jamais je la rencontre, moi, la blondinette, je la reconnaîtrai, je la suivrai, je saurai où elle demeure et je te le dirai...

— Moi aussi!... — appuya Lavaud.

— Moi de même!... — ajouta Frémy.

Adrien Couvreur leur serra la main à tous les trois et une larme furtive glissa sur sa joue.

— Il est l'heure de déjeuner, mes enfants!... — s'écria Vivier en regardant sa montre... — En avant chez la mère Philippe!... — C'est aujourd'hui le jour des tripes à la mode de Caen!... — Je m'en liche les lèvres d'avance!...

Il prit le bras du jeune peintre amoureux, et les quatre amis quittèrent l'atelier.

C'était un brave garçon qu'Adrien Couvreur, une nature d'élite, un cœur d'or, mais impressionnable à l'excès. L'amour dont il venait de parler existait bien réellement, sincère et sérieux.

Il avait vu Claire un instant, quelques secondes à peine; — les regards des deux jeunes gens s'étaient croisés, voilà tout, et Couvreur, en continuant son chemin, ne se doutait guère que son cœur ne lui appartenait plus ; mais à peine à l'atelier, pendant son travail, il s'était aperçu soudainement que le gracieux visage pâle de la jeune fille inconnue passait et repassait sans cesse devant ses yeux.

Le soir, en rentrant chez lui, l'image de l'enfant maladive n'avait point quitté son cerveau.

En songe il la revit encore, et encore en se réveillant.

L'amour venait de naître.

De cet amour qu'adviendrait-il ?

Adrien se posait à lui-même cette question, et n'y pouvait répondre.

Il avait beau se dire : *C'est une folie!* — la folie lui semblait douce, et il ne souhaitait point guérir.

Désormais, son unique rêve de bonheur était de retrouver celle qu'il aimait.

Très travailleur et très intelligent, il gagnait largement sa vie, nous le savons déjà, et seul au monde, n'ayant point de famille à soutenir, il faisait des économies, économies modestes, mais qui lui permettaient de songer sans inquiétudes à l'avenir.

— ELLE est honnête, j'en suis sûr... — se disait-il en pensant à Claire — Un visage angélique et douloureux comme le sien ne peut pas mentir...— Si je la retrouvais elle partagerait le bien-être que je dois au travail... Je travaillerais pour deux, et il me semble que j'aurais encore plus d'ardeur à l'ouvrage...

Mais tout à coup, il sentait son cœur se serrer.
— Qui sait si je la retrouverai? — murmurait-il.
Et il pleurait alors, ainsi que nous l'avons entendu le raconter à ses camarades, qui, voyant la sincérité de sa douleur, avaient cessé de le railler.

* * *

Placide Joubert, nous l'avons dit, attendait une réponse à la demande d'audience adressée par lui au directeur de l'Assistance publique, qui seul, — il le croyait du moins, pouvait lui indiquer le chemin à suivre pour trouver la piste de Jeanne-Marie, la fille de Pauline de Rhodé.

Mais cette affaire, si sérieuse qu'elle fût, n'était pas la seule qu'il eût à suivre, et chaque matin il s'occupait de distribuer du travail à ses commis.

Un matin son employé principal, auquel il remettait des dossiers, lui dit :

— Vous n'oublierez pas, monsieur, que vous devez voir aujourd'hui l'avoué chargé de la vente des terrains d'Asnières... — J'ai préparé l'affiche pour l'imprimerie...

— Donnez-la moi... — répondit l'homme d'affaires. — Je passerai chez cet avoué après déjeuner.

XX

Joubert, selon son habitude, déjeuna de la façon la plus confortable et la plus ample, car il était gourmet et gourmand.

Il mit ensuite dans sa poche l'affiche de vente préparée, sortit, prit une voiture et se fit conduire rue de Buci chez l'avoué Lamarche.

Cet avoué était précisément celui avec qui Léopold avait dû se mettre en rapport pour l'acquisition du chalet de Fontenay-sous-Bois.

— M'apportez-vous l'affiche ? — lui demanda Lamarche.

— Cher maître, la voici.

— Elle est fort bien comprise... — dit l'avoué après examen. — Je vais l'envoyer à l'imprimerie... — Êtes-vous toujours content des affaires? — ajouta-t-il.

— Heu ! heu !... — répliqua Joubert — Il y a un temps d'arrêt.

— Arrêt momentané... ça reprendra... — Et votre fils ?

— Toujours le même... — Dépensant beaucoup et ne gagnant rien...

— Il travaille cependant...

— Lui !...

— Sans doute... — Ne s'occupe-t-il pas de vente et d'achats de propriétés ?...

Placide regarda son interlocuteur avec une expression d'étonnement comique.

— Voyons, voyons, — fit-il ensuite, — à coup sûr, il y a malentendu... Ce n'est pas de mon fils Léopold que vous me parlez ?...

— C'est parfaitement de lui... Il y a deux heures il était dans ce cabinet, assis à la place où vous voilà...

— Et quel motif l'amenait chez vous ?

— Il y venait comme intermédiaire d'une personne achetant à l'un de mes clients une maison de campagne sise à Fontenay-sous-Bois.

— Cher maître, vous me voyez stupéfait ! ! — Léopold intermédiaire ! Qu'est-ce que ça signifie ?

— Rien que de très simple, et je suis surpris de votre surprise, — Votre fils me priait de faire dresser l'acte de vente que l'on doit signer demain et, sur le prix d'acquisition de 25,000 francs, il m'en a versé cinq mille...

Placide Joubert en toutes circonstances était maître de lui. — Cependant, tandis que l'avoué parlait, il ne put s'empêcher de devenir un peu pâle.

Mais il fit appel à sa force de volonté, et ce fut du ton le plus calme qu'il demanda :

— Quel est le nom de la personne à qui mon fils sert d'intermédiaire ?

L'avoué consulta une feuille de papier placée sur son bureau et répondit :

— C'est une demoiselle Claire Gervais.

Cette fois, Placide n'eut pas la force de se contenir.

Il eut un sursaut formidable et s'écria :

— Claire Gervais ! Claire Gervais ! demeurant rue des Lions-Saint-Paul ?...

— Numéro 27... C'est bien cela...

Joubert redevint brusquement froid comme marbre.

— Ah ! l'imbécile ! — murmura-t-il avec un haussement d'épaules dédaigneux.

— Que croyez-vous donc ?... — demanda l'avoué.

— Je crois que Léopold se fera rouler, voilà tout !... — Il n'est pas de force...

— Que risque-t-il ?... — L'acheteur paie comptant....

— Et vous dites que c'est demain qu'on doit signer l'acte ?

— Oui, demain, à onze heures du matin...

Après cet échange de paroles, la conversation entre l'avoué et l'homme d'affaires roula pendant quelques minutes sur les terrains d'Asnières qu'il s'agissait de vendre ; puis Placide Joubert se retira.

Aussitôt qu'il fut sorti de l'étude, sa physionomie changea brusquement d'aspect.

La colère contracta ses traits et crispa ses poings.

Il se jeta dans la voiture qui l'avait amené, donna l'ordre au cocher de le conduire rue Geoffroy-Marie, et referma violemment la portière.

— Claire Gervais !! — murmurait-il entre ses dents serrées, tandis que le fiacre roulait. — Ainsi ce niais m'a désobéi !! — Il s'est amouraché de cette fille au point de lui acheter des maisons !... Il a versé un acompte !... Il va payer le reste comptant !... Avec quoi ? — Où a-t-il pris cet argent ? — Il a donc trouvé quelque usurier qui lui ouvre sa caisse ? — Ah ! les usuriers, malfaiteurs publics, immonde engeance !... Si je connaissais celui-là ! ! Mais je le connaîtrai. — Idiot de Léopold ! ! — Il veut épouser cette fille — il me l'a dit... Il a fait semblant d'écouter mes conseils et, à peine sorti de chez moi, il courait près d'elle !... Ah ! l'indécrottable animal ! !... — Si je ne me mets en travers, tout est perdu !... — Si je ne le détache point de cette Claire Gervais, impossible de lui faire épouser la fille, vraie ou fausse, de Pauline de Rhodé, et les deux millions et demi du comte nous échapperont !... Ah ! tonnerre ! — Mais comment l'a-t-elle circonvenu, cette fille maigre et pâle, souffreteuse, mal vêtue ? D'où vient l'empire qu'elle a pu prendre sur la tête faible, sur le cerveau déséquilibré de cet imbécile ? — D'où qu'il vienne, il existe... — Claire Gervais est l'obstacle... — Tant pis pour elle... — je briserai l'obstacle... — Comment ? — Je trouverai, il faudra bien que je trouve !...

Arrivé rue Geoffroy-Marie il monta et, rentré chez lui, demanda au commis qui grossoyait dans l'antichambre :

— Florent est-il là ?

— Oui, patron.

— Dites-lui de venir à l'instant me parler.

Deux minutes plus tard le nommé Florent,

homme d'une quarantaine d'années, de mine honnête et proprement vêtu, franchissait le seuil du cabinet, saluait et demeurait immobile devant le patron, en attendant que celui-ci lui adressât la parole.

— Prenez votre agenda, — lui dit Placide Joubert — et écrivez ce que je vais vous dicter. — Y êtes-vous?

— J'y suis.

L'homme à visage d'oiseau de proie dicta :

— « *Claire Gervais.* — *Rue des Lions-Saint-Paul, 27.*

» *Savoir ce que fait cette personne.*

» *Quels sont ses moyens d'existence, ses habitudes, ses relations.*

» *Insister d'une façon toute spéciale sur les relations.* »

Joubert s'arrêta :

— Est-ce tout, patron ? — demanda Florent.

— C'est tout. — Il me faut ces renseignements très vite. — Avant ce soir si c'est possible...

— Je ferai de mon mieux.

Florent s'inclina, sortit du cabinet puis de la maison, gagna le boulevard et grimpa sur l'omnibus Madeleine-Bastille.

Descendu au point terminus, il se rendit par la rue Saint-Antoine à la rue des Lions-Saint-Paul et, s'étant tracé pendant le trajet une ligne de conduite, entra sans la moindre hésitation dans la maison que nos lecteurs connaissent.

— Madame — dit-il à la portière qui se trouvait sur le seuil de sa loge — c'est vous qui êtes la concierge de cet immeuble ?

— Oui, monsieur, c'est moi-même...

— Alors, madame, c'est à vous que je dois m'adresser... — Je suis attaché, comme secrétaire, à une personne très riche et qui fait de sa fortune le plus noble usage... — La charité de cette personne étant universellement connue, il lui arrive de tous les coins de Paris des demandes de secours ou des indications d'infortunes à soulager. — Elle veut bien donner sans compter, mais non pas être dupe, et pour cela faire nous sommes obligés de prendre des renseignements au sujet des signataires des suppliques ou des personnes qu'on nous indique comme étant dignes d'intérêt.

— C'est bien naturel. — Il y a tant de mauvais sujets, de paresseux, qui pourraient travailler et qui aiment mieux quémander pour vivre à ne rien faire... — répliqua la concierge. — Si je peux vous servir vous n'aurez qu'à me questionner...

— C'est bien ici que demeure mademoiselle Claire Gervais ?

— Ah! c'est de la chère petite qu'il s'agit?... — Oui... oui... c'est bien ici...

— Elle est pauvre?...

— Ah! dame, oui!... et intéressante, je vous en fiche mon billet, mon cher monsieur!... Elle sort de l'hôpital, à peine convalescente... — Elle est ouvrière modiste, et en ce moment il faut qu'elle travaille seize heures par jour pour gagner trente sous...

— Elle travaille chez elle?...

— En grelottant à côté de son poêle à peine allumé, oui, monsieur.

— Elle est sage?

— Ah! sapristole, je vous crois qu'elle est sage!... une image! une vraie image! — En voilà une qui a des principes!! — Si elle voulait, quoique la maladie d'où elle sort l'ait rendue bien fluette, elle roulerait carrosse! Eh bien! elle ne veut pas...

— Ah! — dit Florent du ton le plus simple — il y a des amoureux qui la courtisent!...

— Il n'y en a qu'un... mais il y met un fier entêtement... — Avec une fille moins solide sur sa vertu, il serait arrivé déjà à ses fins...

— C'est sans doute un beau jeune homme?...

— Jeune? — il est jeune. — Beau? — Ah! non, par exemple!... Un vilain oiseau, tout à fait, mais

il est riche, ce qui vaut mieux que d'être beau !...
Pourtant, mon cher monsieur, avec la petite Claire,
ça ne lui sert absolument à rien.

— Elle ne veut pas se laisser séduire ?...

— Ah ! mais non !... — Elle aimerait mieux mourir de faim...!

— C'est superbe !... — Et cette belle résistance ne décourage pas ce fils de famille... Car le soupirant en question est sans doute un fils de famille ?...

— Pas de la noblesse, le jeune homme, mais fils de famille tout de même...

— Vous savez son nom ?

— Je le tiens de sa propre bouche... — Il s'appelle Léopold Joubert...

Florent fit un brusque haut-le-corps.

— Léopold Joubert !... — répéta-t-il, stupéfait.

— Vous le connaissez ?... — demanda vivement la concierge.

L'employé de Placide se mordit les lèvres, très contrarié de n'avoir pas gardé le sang-froid que lu commandait la situation.

— Je connais le père... — répondit-il.

— Et il est riche ?

— Millionnaire.

— Alors le fils n'a pas menti,...

— Vous dites donc que Léopold Joubert est fou de cette jeune fille ?

— Oui, mon cher monsieur, toqué comme il n'est pas possible... toqué au point qu'il parle de l'épouser... Oui, positivement l'épouser... à la mairie et à l'église... — Elle ne peut pas le croire et, pour lui prouver que c'est positif et que ses intentions sont honnêtes, il veut lui faire cadeau d'une maison toute meublée qu'il achètera à son nom...

— Et elle refuse?

— C'est-à-dire qu'elle refusera... oh ! je la connais... — Elle ne dira : *oui* que devant M. le curé et devant M. le maire, et nous n'en sommes pas là, attendu que le jeune homme n'a point l'âge de se passer du consentement de papa... — Bref, en attendant, si la personne charitable qui vous envoie pouvait payer au *proprio* les termes que doit la petite Claire et lui procurer du travail mieux payé, ce qui lui permettrait de manger un peu, ça serait une bien belle action...

— Je vous remercie de vos renseignements, ma chère dame... — Mademoiselle Claire Gervais, d'après ce que vous venez de me dire, me semble digne du plus grand intérêt, et je vais rendre compte de notre entretien à qui de droit...

XXI

Une fois dans la rue Florent marcha d'abord très vite, puis il ralentit peu à peu le pas, et finit par s'arrêter complètement.

— Le fils du patron qui veut faire cadeau d'une maison à cette petite, c'est raide ! — murmura-t-il. — Le patron aura sans doute eu vent de la chose, et c'est pour ça qu'il m'envoyait aux renseignements... Eh ! bien, il ne pourra pas se plaindre, cette brave concierge m'a fait la bonne mesure...

L'employé se remit en marche et, pour aller plus vite rendre compte de sa mission, il prit non l'omnibus mais un fiacre.

Son retour fut si prompt que Joubert, en le voyant entrer dans son cabinet, s'écria :

— Déjà !

— Déjà, oui, patron, et j'en sais long... — Claire Gervais est une petite ouvrière qui n'a pas le sou, mais qui possède en revanche de la vertu jusqu'au bout des ongles et, la preuve c'est que, sortant de l'hôpital et crevant de faim, elle refuse d'écouter un jeune homme qui lui offre monts et merveilles, entre autres choses une maison de campagne garnie de ses meubles, et qui parle même de l'épouser... Mais elle ne croit pas au mariage...

— Vous a-t-on nommé le jeune homme ?

— Oui, patron. C'est...

— Inutile... Je le connais... — fit Placide en coupant la parole à Florent... — Et vous êtes certain que la petite ouvrière refuse ?... — ajouta-t-il.

— Je suis certain du moins que la concierge me l'a carrément affirmé, et elle paraissait très convaincue.

— C'est bien... je sais tout ce que je désirais savoir... — Je suis content de vous et vous toucherez une gratification...

Florent salua et sortit.

L'homme d'affaires, resté seul et ne se contraignant plus, laissa prendre à sa physionomie une expression de violente colère.

Ce qu'il venait d'apprendre était loin de le satisfaire en effet.

Il eût préféré, et de beaucoup, que Claire Gervais fût de mœurs faciles, car alors la prétendue passion de Léopold aurait eu simplement la durée d'un caprice.

— La vertu de cette fille! — se disait-il en haussant les épaules — allons donc! je n'y crois pas! — Nous sommes en face d'une rouée qui résiste afin d'accroître les désirs de mon dadais de fils... Et son calcul est juste, car l'imbécile est prêt à faire toutes les folies pour elle... Il irait jusqu'à l'épouser si je n'y mettais ordre!... — Mais j'y mettrai ordre! — Je me charge d'arrêter le nigaud sur la pente où il roule!... — On prétend que je suis faible à l'endroit de Léopold... on se trompe... — Je l'aime, oui, et c'est parce que je l'aime que je serai dur, impitoyable, et que je ne reculerai devant rien, absolument rien, pour qu'il n'entrave point sa vie!...

Placide Joubert prononça ces derniers mots avec une expression farouche, et son visage d'oiseau de proie prit une expression effrayante.

La pendule du cabinet marquait quatre heures.

L'homme d'affaires prévint son employé qu'il sortait, passa dans son appartement, en verrouillant selon sa coutume les portes derrière lui, fit une toilette d'une superlative élégance, envoya sa servante lui chercher une voiture, et donna l'ordre au cocher de le conduire au numéro 9 de la rue Fontaine-Saint-Georges.

Là il demanda à la concierge :

— Mademoiselle Lucienne Bernier, c'est bien ici, n'est-ce pas ?

— Oui, monsieur... — au premier... — Vous pouvez monter... il y a du monde.

Arrivé au premier étage, Placide appuya sur le bouton d'une sonnette électrique.

La porte lui fut ouverte par une jeune femme de chambre à qui la figure et la tournure superlativement désobligeantes du visiteur firent éprouver une surprise mêlée d'un peu d'effroi.

— Qu'est-ce que vous voulez, monsieur ?... — fit-elle d'un ton brusque.

— Parler à mademoiselle Bernier...

— Je ne crois pas que madame reçoive...

— Elle me recevra quand vous lui aurez dit que je viens de la part de M. Léopold Joubert...

— Si c'est comme ça, attendez un peu... je vais prévenir madame...

La femme de chambre introduisit Placide dans un salon meublé fort coquettement et alla trouver sa maîtresse qui se tirait les cartes sur une petite table de peluche, devant le feu de son cabinet de toilette.

Lucienne Bernier, jolie fille brune de vingt-cinq ans, occupant dans la société parisienne la situation modeste d'horizontale de moyenne marque, était depuis deux ans la maîtresse en titre de Léopold qui, fort épris d'elle jusqu'au moment où il avait par hasard rencontré Claire Gervais, mettait libéralement à ses pieds la plus forte partie de la pension paternelle. — Or, en raison même de cette libéralité, Lucienne tenait beaucoup à lui.

Placide connaissait et tolérait cette liaison, qui ne lui inspirait aucune inquiétude pour l'avenir.

— Il faut bien que jeunesse se passe! — se disait-il.

Lucienne, interrompue dans sa réussite, leva la tête.

— Qui a sonné? — demanda-t-elle à la femme de chambre.

— Un singe, madame...

— Comment, un singe?...

— Ou à peu près... Un monsieur si laid qu'il ressemble aux chimpanzés du jardin des Plantes... mais très bien mis... l'air cossu...

— Qu'est-ce qu'il veut?

— Parler à madame.

— A-t-il dit son nom?

— Il a dit seulement qu'il venait de la part de M. Léopold... — Il attend au salon...

— Je vais l'y rejoindre.

La jeune femme ébouriffa sur son front les mèches courtes de ses cheveux noirs, ajusta le peignoir de cachemire crème qui laissait deviner sa taille souple et les contours arrondis de sa poitrine, et franchit le seuil de la pièce où se trouvait Placide qui salua profondément.

— Marguerite avait raison — pensa-t-elle — c'est un singe !...

Placide de son côté, se disait :

— Elle est jolie... — Mon imbécile de fils n'avait pas mauvais goût...

— Asseyez-vous, monsieur... — fit Lucienne. — Vous venez de la part de Léopold...

— Non, madame... — répliqua l'homme d'affaires en saluant de nouveau. — Je me suis servi de ce nom, mais c'était un simple subterfuge pour arriver à vous. — J'avais absolument besoin de vous voir, et sans ce subterfuge il est probable que vous ne m'auriez point reçu...

Lucienne s'était assise.

Elle se leva, un peu effrayée.

12.

— Mais alors, qui êtes-vous, monsieur ? — demanda-t-elle.

— Je suis un homme dont la présence ne doit en aucune façon vous inquiéter. Je viens ici en ami... Vous en aurez bientôt la preuve... — Mon nom vous expliquera bien des choses...

— Je le connais donc ?

— Vous le connaissez...

— Et ce nom ?...

— Placide Joubert.

— Le père de Léopold... — balbutia la jeune femme avec un redoublement d'effroi.

— Lui-même... mais, je vous le répète, soyez sans crainte... — je n'ai pas le moins du monde l'intention de jouer chez vous la scène du père Duval dans la *Dame aux camélias*... — Je vous vois aujourd'hui pour la première fois. Loin d'adresser des reproches à mon fils au sujet de sa liaison avec vous, je le féliciterais plutôt de son bonheur, et je ne puis comprendre qu'il ait la sottise d'aimer une autre femme que vous...

La phrase était lancée à dessein.

Elle porta.

— Une autre femme que moi !... — répéta Lucienne avec une émotion très vive. — Venez-vous m'annoncer qu'il me quitte ? qu'il se marie ? Que je dois renoncer à lui ?...

— Non, madame, pas le moins du monde...

— Vous ne me signifiez point que tout est fini entre Léopold et moi ?...

— Je viens vous prier, au contraire, de faire ce qui dépendra de vous pour le reprendre et pour le garder.

Lucienne regarda Placide Joubert avec une expression d'ahurissement complet.

— Il vous semble que je vous donne un rébus à deviner, je le vois bien, — dit-il en souriant ; — mais vous allez comprendre... Répondez-moi franchement. — Aimez-vous Léopold ?...

— Je mentirais en vous répondant que j'éprouve pour lui une passion folle, mais il m'inspire un attachement sérieux... non point à cause de son genre de beauté un peu... comment dirai-je ?... un peu discutable, mais parce qu'il est très doux et très bon...

— Et très généreux... — acheva Placide.

— Mon Dieu, monsieur, la générosité ne gâte rien... Nous autres pauvres femmes, nous ne vivons point de l'air du temps...

— Léopold vous a beaucoup aimée ?

— Il me le disait... et j'étais heureuse de le croire...

— Vous le voyez souvent?

— Autrefois je le voyais tous les jours...

— Et maintenant?

— Maintenant, ses visites sont infiniment plus rares...

— Depuis quand?

— Depuis trois mois à peu près...

— De cela, qu'avez-vous conclu?...

Lucienne prit une physionomie sentimentale et une voix mouillée pour répondre :

— J'ai essayé de n'en pas conclure qu'il se détachait de moi... qu'il aimait une autre femme...

— Est-ce que je me trompais?

— Vous vous trompiez parfaitement. — Je vais jouer avec vous cartes sur table... — Voici ce qui se passe et pourquoi je viens vous trouver : — Léopold a rencontré, je ne sais où, une petite fille de rien, une ouvrière de seize à dix-sept ans, pauvre, chétive, mal portante, mal vêtue, point jolie, n'ayant pas même la beauté du diable faite de fraîcheur et de santé ! Or, il s'est figuré qu'il était passionnément épris de ce laideron, et il ne parle de rien moins que de l'épouser...

— J'espère bien que vous ne le laisserez pas accomplir une pareille folie ! — s'écria violemment Lucienne, chez qui l'instinct de la propriété parlait en ce moment très haut et ressemblait à de la jalousie. — Léopold lui appartenait. — Elle n'admettait pas qu'on se permît de le lui prendre.

— Certes ! — répliqua Placide. — Je ferai tout pour l'arrêter sur la pente où il roule. Mais écoutera-t-il mes conseils ? se pliera-t-il à ma volonté ? — Déjà il m'a désobéi... il se croit amoureux et ne veut rien entendre...

— Mais enfin, cette créature qui possède sur lui une telle influence, qu'est-elle donc ?

— Je vous le répète, une fille de rien...

— Il en a fait sa maîtresse ?

— Non, et voilà le mal !... — La petite, malgré son extrême jeunesse, est rouée comme un bagne... — Elle résiste, et sa résistance calculée pousse Léopold aux choses les plus absurdes... — ainsi, demain matin, il signera l'acte d'acquisition d'une maison de campagne qu'il veut lui offrir et qu'il espère lui voir accepter...

XXII

Placide Joubert suivait pas à pas le plan qu'il s'était tracé.

Il ne comptait certes point sur la jalousie amoureuse de Lucienne Bernier pour la décider à lui venir en aide, sachant bien, d'une part, qu'elle ne pouvait être follement éprise de Léopold et, d'autre part, que les femmes de cette catégorie ne sont jalouses que par amour-propre, par orgueil, par esprit de possession.

Aussi manœuvrait-il de façon à faire naître chez la jeune déclassée une jalousie de ce genre.

Son calcul était juste.

En entendant la dernière phrase de Joubert, Lucienne, jusqu'à ce moment parfaitement maîtresse d'elle-même, perdit brusquement son sang-froid;

— un éclair de fureur brilla dans ses yeux ; ses poings se crispèrent.

— Une maison de campagne à cette fille !... — s'écria-t-elle d'une voix enrouée par la colère — Il veut lui donner une maison de campagne?...

— Toute meublée... — appuya Placide.

— Il ne m'en a jamais offert, de maison de campagne !!! — Sans doute il trouve qu'un appartement mesquin de mille écus par an est bien assez pour moi ! — Et vous lui laissez accomplir cette folie !...

— Comment voulez-vous que je l'en empêche ?...

— Vous lui avez donné de l'argent pour payer?...

— En dehors de sa pension mensuelle, pas un sou...

— Il aura donc trouvé à emprunter à gros intérêts...

— J'en ai peur...

— Mais le malheureux va se perdre... se ruiner... — Il n'a plus la tête à lui, cela saute aux yeux !... Il est capable d'attendre sa majorité, de vous faire des sommations et d'épouser cette créature...

— Une seule personne au monde est en position de l'empêcher d'en arriver là...

— Qui donc?

— Vous, si vous le voulez...

— Ah ! si je le veux ! — Vous me demandez si

je le veux ? — fit Lucienne avec un éclat de rire qui sonnait faux — Oui... oui... je le veux !... — Parlez !...

— La fille en question joue la comédie de la vertu, de l'honnêteté, du désintéressement... — C'est par là qu'elle tient Léopold... — La maison de campagne offerte par lui, elle fera semblant demain de la refuser...

— Peut-être... et elle l'acceptera dans huit jours !

— Je l'admets comme vous ; mais en huit jours on a le temps d'agir... —Léopold, dans la niaiserie de son aveuglement, croit que sa piteuse idole est un ange... — Il suffirait pour l'en détacher, de lui montrer en elle une coquine de la pire espèce, une voleuse...

Lucienne regarda Placide avec étonnement.

— Une voleuse !... — répéta-t-elle. — Est-ce que, véritablement, cette fille est une voleuse ?

— Je n'en sais rien.., je ne le crois pas... — Mais on pourrait créer des apparences... la compromettre... la perdre...

— Ah !... — s'écria Lucienne avec un mouvement de violente répulsion. — Je vous comprends.

— Eh bien, que pensez-vous de mon idée ?

— Elle me révolte !... Tout, excepté cela !... —

Ce serait une action abominable... Ce serait un crime !

— Les gros mots ne signifient rien ! — Pour juger sainement une chose, il faut se placer tour à tour aux points de vue les plus opposés... — Perdre cette fille est une action peut-être un peu risquée ; mais cette action sauve Léopold, et par cela seul elle devient louable! Mon fils, vous en conviendrez volontiers je pense, mérite plus d'intérêt que cette aventurière qui vous l'enlève, qui sera cause de sa ruine, de son déshonneur, car elle le déshonorera en se faisant épouser par lui !... Contre une aussi dangereuse créature, toutes les armes sont bonnes...

— Cependant... — commença Lucienne.

— J'attends de vous un service immense... et je saurai le reconnaître... — interrompit Placide sans laisser à la jeune femme le temps de parler. — Rendez impossible ce mariage absurde, odieux, et je vous donnerai cent mille francs...

Les yeux de Lucienne étincelèrent de nouveau, mais de cupidité cette fois.

— Cent mille francs... — balbutia-t-elle — Vous m'offrez cent mille francs ?...

— Oui.

— Payables, quand ?

—Le jour où cette fille sera emprisonnée comme voleuse...

Lucienne s'était levée et se promenait avec agitation.

Une lutte violente se livrait en elle entre la convoitise et le sentiment d'horreur inspiré par l'acte qu'on lui proposait.

Ce fut la convoitise qui l'emporta.

— Soit! — fit la jeune femme en s'arrêtant devant Placide — J'accepte; mais vous me remettrez moitié de la somme promise, soit cinquante mille francs, contre ma parole d'honneur d'agir, et d'agir vite...

Notons en passant que Lucienne prononça sans la moindre hésitation et du ton le plus naturel les mots de *parole d'honneur*, si étrangement placés dans sa bouche.

— Entendu — répliqua l'agent d'affaires — j'ai confiance... L'intérêt que vous inspire Léopold, et votre intérêt personnel, me garantissent l'exactitude avec laquelle vous remplirez vos engagements...

— Vous m'avez dit, je crois, que cette fille s'appelait Claire Gervais? — reprit Lucienne.

— Oui.

— Sa profession?

— Modiste, ou plutôt ouvrière en modes...

— Elle demeure?

— Rue des Lions-Saint-Paul, au Marais, numéro 27.

Placide Joubert arracha une feuille de son agenda, y traça le nom et l'adresse de Claire Gervais et la tendit à Lucienne.

— Nous sommes bien d'accord, n'est-ce pas?— dit celle-ci en prenant la feuille. — Je m'engage à vous mettre à même, d'ici à quinze jours au plus tard, d'imposer votre volonté à Léopold, en lui prouvant l'indignité de l'intrigante qui lui fait perdre la tête et qui sera arrêtée comme voleuse... — De votre côté, vous prenez l'engagement de me remettre cent mille francs, dont cinquante, d'avance, à titre d'arrhes du marché conclu?..

— Oui, nous sommes bien d'accord.

— Alors j'attends les cinquante mille francs.

— Je n'en ai sur moi que dix mille... — Je vais vous les donner et y joindre un chèque de quarante mille francs, à vue, sur le Crédit lyonnais.

Placide tira de sa poche un livre de chèques, inscrivit sur une des pages le chiffre de quarante mille francs, data, signa, détacha la page et dit à sa future complice, en la lui tendant en même temps qu'une mince liasse de billets de banque :

— Surtout, pas un mot à mon fils...

— Me prenez-vous pour une niaise ? — demanda Lucienne en haussant les épaules.

— Je n'ai garde ; mais on peut avoir une distraction, et un mot imprudent suffirait pour tout compromettre.

— Soyez sans crainte... — Ce mot imprudent, je ne le dirai pas...

— A bientôt, chère madame...

— A bientôt, cher monsieur...

Et Lucienne reconduisit jusqu'à l'antichambre Placide Joubert, qui en la quittant lui baisa la main d'une façon tout à fait galante.

A peine la porte était-elle refermée derrière lui que la jeune femme passa dans son cabinet de toilette, échangea son peignoir contre une robe de ville, mit un chapeau, jeta sur ses épaules un manteau de velours frappé garni de fourrures, sonna sa femme de chambre et lui dit :

— Je sors. — Si M. Léopold venait, tu le prierais de m'attendre... — Il est inutile de lui raconter qu'il s'est présenté quelqu'un de sa part.

— Bien, madame. — Irai-je chercher une voiture à madame ?

— Le temps est sec et beau, je préfère marcher...

Une demi-heure plus tard Lucienne franchissait

le seuil d'un luxueux magasin de modes, situé rue Caumartin, près du boulevard.

Dans les vitrines se voyaient étagés avec art, de manière à se faire valoir mutuellement par l'opposition des formes et des nuances, des chapeaux dont le *plus simple* ne coûtait pas moins de cinq à six louis.

A droite du magasin se trouvait le salon d'essayage et l'atelier où cinq jeunes filles *aux doigts de fée* créaient de fragiles chefs-d'œuvre.

A gauche, un autre petit salon.

La maîtresse de la maison, madame Thouret — une femme de quarante à quarante-cinq ans — alla vivement au-devant de Lucienne, et lui dit avec un sourire aimable et des grâces commerciales :

— Soyez la très bien venue, chère madame Bernier... — Il y a plus d'un mois que je n'ai eu le plaisir de vous voir... — Je me demandais, parole d'honneur, si vous ne me faisiez pas une infidélité, mais je n'y pouvais croire...

— Et vous aviez raison... — répliqua Lucienne — je suis et veux rester votre fidèle cliente....

— De quoi avez-vous besoin aujourd'hui ?

— De deux ou trois chapeaux que nous allons choisir... — Mais le véritable but de ma visite est de régler notre petit compte...

— Rien ne presse... Nous avons tout le temps de parler de cela...

— Je suis en fonds et je désire m'acquitter...

— Vous y tenez ?

— Absolument. — Combien vous dois-je ?..,

— Puisqu'il le faut, je vais vous le dire... Je dois pour cela consulter mon livre... Vous permettez ?

— Faites, je vous en prie...

La modiste tira d'un casier son livre de caisse qu'elle ouvrit, prit une plume, une facture et, au moment d'écrire, demanda :

— Vous faut-il le détail ?

— Nullement,

— Alors voici le chiffre en bloc... — Quinze cent vingt-cinq francs, tout au juste... — J'inscris ce chiffre sur la facture, et je signe pour acquit...

Lucienne exhiba son portefeuille, y prit très ostensiblement une liasse de dix billets de mille francs et en donna deux à la modiste.

— Voici votre monnaie... — fit celle-ci en posant sur la table, devant sa cliente, quatre billets de cent francs, trois pièces de vingt francs, une de dix et une de cinq.

— Merci ! — Je ne vous dois plus rien, et je suis prête à recommencer un nouveau compte... — Maintenant, montrez-moi vos merveilles...

XXIII

Nous nous garderons bien de faire assister nos lecteurs à une séance d'essayage ; il nous suffira de dire que, tout en vantant la forme et la grâce de chaque coiffure, Lucienne Bernier n'en trouvait aucune qui fût complètement à sa guise.

Aux plus réussies il manquait quelque chose... un rien... elle ne savait quoi... mais quelque chose.

Une forme cependant parut la séduire d'une façon plus particulière.

— Si les dentelles qui garnissent ce chapeau étaient moins mesquines — dit-elle — il serait irréprochable...

— Rien de plus facile que de changer les dentelles... — répliqua la modiste. — C'est une question de prix... — Nombre de mes clientes sont forcées par leurs maris de songer à l'économie... — Ce n'est point votre cas, et je vous en fais mon compliment... — Voulez-vous du point d'Alençon, du point de Malines, du point de Venise ou de la dentelle d'Angleterre ancienne?... — J'en ai un coupon merveilleux... un véritable objet d'art... — Désirez-vous le voir?...

— Montrez-moi tout...

— C'est juste... vous choisirez...

Madame Thouret alla prendre un carton qu'elle plaça sur la table et d'où elle tira une collection de superbes dentelles.

— Miraculeux! — s'écria Lucienne, — miraculeux, vraiment!...

— Regardez ce coupon... — fit la modiste — en voilà pour deux mille francs... — Dix mètres seulement... — Est-ce assez beau, hein?... — Il vous en faudra deux mètres et demi...

— Décidément non! — dit la jeune femme en repoussant la dentelle tentatrice. — Ce serait folie de mettre pareil prix à un chapeau... — Je prendrai tels qu'ils sont les deux derniers que je viens d'essayer... — Ils sont charmants et me vont à merveille... — Envoyez-les moi ce soir...

— Demain seulement, je vous en prie...

— Pourquoi pas aujourd'hui?

— Je suis toujours sans demoiselle de magasin, et mes ouvrières ont à finir des travaux très pressés...

— Comment — reprit Lucienne en s'asseyant pour se chauffer les pieds au coin de la cheminée, — vous n'avez pas encore remplacé mademoiselle ...e?

— Mon Dieu, non! — C'est si difficile à trouver. Je voudrais, non pas un simple trottin, mais une jeune personne adroite, connaissant bien le métier, et se rendant utile quand elle est au magasin — il faudrait, de plus, que cette jeune personne m'inspirât toute confiance, car le dimanche je ne ferme qu'à midi et, comme je suis obligée de m'absenter le matin, le magasin reste sous sa garde...

— Je puis alors vous rendre un service, et vous mettre à même de faire en même temps une bonne action... — dit Lucienne.

— Auriez-vous quelqu'un à me proposer? — demanda vivement madame Thouret.

— Oui... — Une jeune fille de qui j'ai entendu dire le plus grand bien... — Elle est parfaitement honnête, très pauvre, et sort de l'hospice...

— Bien intéressante alors!... — Quel âge

— De seize à dix-sept ans.

— Modiste?

— Sans doute, et très adroite à ce qu'il paraît.

— Jolie?...

— Elle le serait si elle avait moins souffert... — Elle le redeviendrait dès qu'elle cesserait de souffrir... — En la prenant, je vous le répète, vous feriez une bonne action...

— Je puis en essayer si vous vous intéressez à cette enfant...

— Personnellement je ne la connais pas, mais on m'a parlé d'elle dans les meilleurs termes...

— Vous savez son nom et son adresse?...

— On m'a donné l'un et l'autre... — répondit Lucienne en ouvrant son carnet et en tirant le carré de papier sur lequel Placide Joubert avait tracé quelques mots. — Oui... voici la note...

— Dictez, je vous prie, — fit madame Thouret, en s'asseyant à son comptoir — j'écrirai...

Lucienne dicta :

— « *Claire Gervais.* — *Rue des Lions-Saint-Paul, numéro 27.* »

— C'est fait — reprit la modiste — je vais lui adresser un mot séance tenante pour la prier de passer le plus tôt possible à mon magasin... — Lui dirai-je que c'est vous qui me l'avez recommandée?...

— Ce serait absolument inutile. — Elle n'a jamais entendu prononcer mon nom ; mais je vous remercie bien sincèrement de ce que vous allez faire pour elle... — Au revoir, chère madame... Envoyez-moi demain mes chapeaux.

— Je n'y manquerai pas, et je vous ferai bientôt savoir si je suis contente de votre protégée...

Aussitôt après le départ de Lucienne madame Thouret prit une feuille de papier portant l'en-tête de sa maison, écrivit à Claire Gervais en la priant de passer à son magasin le lendemain, de neuf à dix heures du matin, et après avoir tracé l'adresse envoya mettre la lettre à la poste.

*
**

Claire, levée longtemps avant le jour, travaillait à la lueur d'une lampe à pétrole, près du poêle déjà presque refroidi faute du combustible suffisant.

Un petit *coucou* accroché à la muraille de son humble chambrette sonna huit coups.

Dans l'ardeur du travail forcé, la jeune fille ne s'était point aperçue que les clartés incertaines d'une matinée d'hiver avaient remplacé les ténèbres.

Elle leva sa tête pâle aux paupières rougies, posa sur la table le chapeau qu'elle garnissait, quitta son siège et éteignit sa lampe.

— Il me semble que j'ai faim... — murmura-t-elle en appuyant la main sur sa poitrine endolorie. — Un peu de bouillon me fera grand bien.

Elle ouvrit le tiroir du haut de sa commode et y prit une boîte de carton dont elle souleva le couvercle.

Cette boîte contenait de la menue monnaie, — une dizaine de francs environ — une petite médaille, et le billet de loterie qui avait été sa part dans l'héritage de Joachim Estival.

Parmi la monnaie Claire choisit une pièce de dix sous ; puis, munie de sa boîte de fer-blanc, elle descendit, traversa la rue, entra chez une fruitière dont l'établissement se trouvait en face du numéro 27, et se fit servir du bouillon pour quelques sous.

Il lui restait du pain de la veille ; avec ce pain elle préparerait l'assiette de potage, unique plat de son déjeuner.

Comme elle allait remonter à son cinquième étage, la concierge apparut sur le seuil de la loge, une lettre à la main, et dit :

— Un instant donc, ma petite Claire... Le facteur vient d'apporter ça pour vous pendant que vous étiez dehors.

— Merci, ma chère dame... — répliqua la jeune fille en prenant la lettre.

— Vous remontez déjà?

— Oui... je veux me hâter de déjeuner afin de me remettre vite au travail.

— Vous ne sortirez pas ce matin?

— Non. — Ce soir seulement j'irai reporter les chapeaux à l'atelier et en prendre d'autres...

— Bah!... qui sait si vous n'aurez pas changé d'avis d'ici à ce soir... — fit la concierge, brûlant du désir d'annoncer à sa locataire les grands événements qui se préparaient.

— Changé d'avis d'ici à ce soir? — répéta Claire. — Je ne comprends pas...

— Suffit! vous comprendrez plus tard...

— Mais enfin, que voulez-vous dire?...

— Rien du tout... C'est un songe que j'ai fait à votre sujet, ma mignonne, et qui vous annonce beaucoup de bonheur...

— Tout songe est mensonge!... — murmura l'orpheline avec un sourire mélancolique; et elle monta.

Arrivée chez elle, Claire se hâta de déchirer l'enveloppe et d'en tirer la lettre qu'elle contenait.

Elle lut d'abord l'en-tête de la lettre, portant ces mots :

Madame Alexandrine Thouret. — MODES — *rue Caumartin, n° 60.* Puis elle dévora les trois lignes lui donnant rendez-vous.

Une lueur joyeuse brilla dans ses yeux ; une vive rougeur colora ses joues amaigries.

— Une modiste... une grande modiste des beaux quartiers qui m'écrit !... — dit-elle presque à voix haute... — Ce ne peut être que pour une place... — Ce serait le salut puisqu'un travail plus lucratif me permettrait de revenir à la santé... — La lettre me donne rendez-vous entre neuf et dix heures... — Il est déjà huit heures et demie, et la rue Caumartin est loin... — il ne faut pas arriver en retard... — je prendrai l'omnibus...

Claire but son bouillon et se hâta de faire sa toilette — toilette bien simple, hélas !... ou plutôt bien pauvre, composée d'une robe de laine noire, d'un manteau trop léger pour la saison, et d'un petit chapeau de couleur sombre.

Cette simplicité, cette pauvreté même, n'empêchaient pas l'enfant d'être charmante, grâce à l'élégance naturelle de sa tournure, à la finesse exquise de ses traits, et grâce surtout à l'espérance qui rendait presque la fraîcheur et l'éclat de la santé à son visage pâli par la souffrance.

Le coucou marquait neuf heures moins un quart.

Claire mit dans sa poche quelques pièces de monnaie et descendit, après avoir fermé sa porte à double tour.

La concierge qui balayait le couloir du rez-de-chaussée fit un geste d'étonnement en la voyant paraître.

— Comment! — s'écria-t-elle — Vous sortez!

— Oui, ma chère dame... La lettre que je viens de recevoir m'y oblige... — J'ai tout lieu de croire qu'il s'agit pour moi d'une place chez une modiste des grands quartiers...

— Eh bien! saperlipopette! il n'a pas perdu de temps, le particulier qui est venu hier!

— Quel particulier? — demanda Claire surprise et inquiète.

— Le secrétaire d'une personne riche et bienfaisante... il demandait des informations sur votre conduite et sur vos moyens d'existence, afin de vous venir en aide si vous le méritiez. — Naturellement j'ai répondu ce qu'il fallait répondre, et vous en voyez la conséquence...

— Quelle que soit la personne qui s'intéresse à moi, je la bénirai du fond du cœur!... — j'en conserverai une reconnaissance éternelle!! — s'écria Claire.

— La reconnaissance est une bonne chose ; seulement, quand vous reviendrez, vous n'aurez peut-être plus besoin de place...

— Toujours d'après votre rêve...

— Vous pouvez rire de mon rêve, ma mignonne, mais on sait ce qu'on sait, et qui vivra verra... — Rentrerez-vous tard?...

— J'ai rendez-vous entre neuf et dix heures...

— Sans doute on ne me retiendra pas longtemps et je reviendrai tout de suite, mais il faut que je sois exacte... je me sauve...

Et la jeune fille remonta d'un pas allègre vers la place de la Bastille, pour prendre l'omnibus de la Madeleine qui devait la mettre en face de la rue Caumartin.

XXIV

Trente-cinq minutes plus tard Claire s'arrêtait devant le vitrage de cristal du magasin de madame Alexandrine Thouret.

Elle fut éblouie par le nombre et les formes gracieuses des chapeaux placés à l'étalage, non moins que par la beauté des dentelles, des fleurs et des plumes qui leur donnaient une valeur pécuniaire sérieuse.

— C'est tout à fait une maison de premier ordre... — se dit-elle. — Est-il vraiment possible que ma bonne étoile m'y fasse admettre ?... — Jusqu'à ce jour je n'avais jamais eu de chance ; la déveine se lasserait-elle ?

D'une main un peu tremblante elle fit tourner le bec-de-canne de nickel.

La porte s'ouvrit, et la modiste, occupée à mettre ses comptes en ordre, leva la tête.

— Madame Thouret?... — demanda l'orpheline.

— C'est moi, mademoiselle... — Que désirez-vous ?

— Je me présente, madame, parce que vous m'avez écrit... — balbutia la nouvelle venue.

— Ah ! c'est vous qui vous nommez Claire Gervais ?

— C'est moi, madame...

— Vous êtes ouvrière en modes ?...

— Oui, madame.

— Où avez-vous appris votre état ?

Claire, rougissante, cita deux ou trois magasins d'ordre infiniment modeste, et ajouta :

— Ce ne sont point des maisons comme la vôtre, madame... Mais j'ai travaillé sérieusement, je crois que je ne manque pas de goût, et il me semble qu'avec quelques conseils j'arriverais à bien faire...

— Ce n'est pas précisément pour mes ateliers que j'ai besoin de quelqu'un — répliqua la modiste — c'est pour le magasin, afin qu'on réponde à ma place quand je m'absente, ce qui d'ailleurs m'arrive rarement... Il faut recevoir les commandes, aller en recette et faire les courses pressées... — Vous sentez-vous capable d'essayer un chapeau à une cliente en choisissant les formes et les nuances qui sont avantageuses à sa physionomie et s'harmonisent bien avec son teint et la couleur de ses cheveux ?

— Je le crois, madame... je l'espère...

— Vous connaissez-vous en étoffes, en rubans, en dentelles ?

— Oh ! quant à cela, oui, madame... — je sais aussi apprécier les façons. — Ainsi je suis certaine, en examinant chacun des chapeaux qui se trouvent à l'étalage, de vous dire, à très peu de chose près, quel est son prix de revient...

— Vraiment !... — Eh bien, donnez-moi la preuve de votre savoir en ces matières...

La preuve fut donnée, et d'une façon si concluante que madame Thouret, à qui déjà la figure douce et charmante de Claire plaisait beaucoup, se sentit prise d'un véritable enthousiasme.

— Vous êtes fort entendue, je le vois, mon enfant — dit-elle — et j'en suis charmée... — Une personne qui vous est inconnue vous a recommandée chaudement, mais je n'espérais point trouver en vous de telles aptitudes... — Je vous offre pour commencer quatre-vingt-dix francs par mois, et vous aurez ici votre déjeuner... — Cela vous convient-il ?

Claire sentit des larmes de joie couler de ses yeux sur ses joues.

— Ce que vous m'offrez là, madame — dit-elle avec une émotion qui rendait sa voix à peine distincte — est tout à fait inespéré pour moi... — Je l'accepte et je vous remercie du fond du cœur !...

— Vous arriverez au magasin à neuf heures du matin, et vous en partirez plus ou moins tard, selon le plus ou moins de presse. — Le dimanche matin, je m'absente... — Vous vous trouverez seule jusqu'à midi, heure où l'on ferme... — Alors vous disposerez de vous...

— Bien, madame...

— Etes-vous libre immédiatement ?

— Aujourd'hui, non madame. — J'ai à finir un travail pour une maison d'exportation, mais demain...

— Eh bien ! mon enfant, à demain matin... — Soyez exacte et prenez ceci... — Vous en aurez besoin pour acheter des cols et des manchettes, car je sais que vous n'avez pas d'avances...

En même temps, madame Thouret glissait un louis dans la main de Claire qui remercia et partit toute joyeuse, laissant la modiste enchantée de sa nouvelle recrue.

Et tout en regagnant d'un pas rapide la place de

la Madeleine, où elle comptait reprendre l'omnibus pour retourner à la rue des Lions-Saint-Paul, l'orpheline se disait :

— Enfin la Providence a pitié de moi... — quatre-vingt-dix francs et le déjeuner ; c'est presque la richesse... — je pourrai du moins acheter une belle couronne pour la porter au cimetière, sur la tombe de ma pauvre maman Gervais...

*
* *

Le matin, en dépouillant sa correspondance, Placide Joubert avait trouvé une lettre du directeur de l'Assistance publique lui accordant pour ce jour-là même, à dix heures du matin, l'audience qu'il sollicitait.

Joubert prit la copie du testament de feu Joachim Estival, quelques papiers, sa lettre d'audience, envoya chercher une voiture et donna l'ordre au cocher de le conduire avenue Victoria, aux bureaux de l'Assistance publique.

Au moment où la voiture dans laquelle il venait de monter se mettait en mouvement, un second fiacre, stationnant depuis plus d'une heure de l'autre côté de la rue, juste en face du numéro 4, s'ébranlait, suivait à distance le premier véhicule jusqu'à l'avenue Victoria, et là faisait halte à dix pas de lui.

Disons tout de suite que ce second fiacre renfermait Bonichon, l'agent de Jaquier l'homme d'affaire de la rue Bleue, *l'ennemi intime* de son collègue de la rue Geoffroy-Marie.

Bonichon sauta sur le trottoir au moment où Placide descendait de voiture, s'arrangea de façon à arriver en même temps que lui à la porte de la loge du concierge et, faisant semblant de consulter un dossier, prêta l'oreille.

— Je viens pour une audience de M. le directeur. — disait Joubert.

— Vous avez une lettre ?

— La voici.

— Allez au fond... — Vous remettrez votre lettre à un des garçons de bureau.

Cinq minutes après, Joubert était introduit dans le cabinet directorial.

— Je serai très bref, monsieur le directeur... — dit-il en tirant de sa poche les papiers dont il s'était muni... — Voici les faits : Je suis le légataire universel d'un de mes amis qui vient de mourir, René-Joachim Estival... — Dans son testament, à l'article des legs, se trouvait une clause singulière, que je vous demande la permission de vous lire...

— La voici : « Je donne à mademoiselle Claire-Pauline de Rhodé, demeurant, ou, du moins, ayant demeuré à Paris, rue de Varenne, numéro 16, une médaille d'argent de petite module, percée de trois trous formant un triangle, et portant, d'un côté l'image de la Vierge et, de l'autre ces deux mots : *Ave Maria*.

» Cette médaille se trouve sous le globe de ma pendule, dans une petite boîte en carton.

» Si ridiculement minime que paraisse ce don, il n'en aura pas moins une grande valeur pour mademoiselle de Rhodé, quand elle saura que semblable médaille a été attachée au cou de l'enfant qui lui fut enlevée le 10 octobre 1868, et que, pour me conformer aux instructions qui m'étaient données, j'ai confiée à la femme de Prosper Richaud, mécanicien, demeurant rue de la Roquette, numéro 154, afin qu'elle fût élevée et qu'elle apprit un état.

» Une somme de trente mille francs fut en même temps déposée chez maître Henriot, notaire, 7, boulevard Beaumarchais, chargé de servir aux époux Richaud, tous les trois mois, les intérêts de cette somme, destinés à pourvoir à l'entretien de cette enfant.

» Le jour où Jeanne-Marie atteindra sa majorité,

la moitié de la somme de trente mille francs lui sera remise, et l'autre appartiendra aux époux Richaud.

» Mon légataire universel trouvera dans mes papiers l'acte notarié qui vient à l'appui de mon dire, et il devra le remettre à mademoiselle Isaure-Pauline de Rhodé, la mort me dégageant du serment que j'ai fait au comte Jules de Rhodé de ne révéler à personne au monde l'endroit où se trouve Jeanne-Marie. »

— Voilà, monsieur — ajouta Placide, — la clause singulière dont je vous parlais...

— Eh bien ? — demanda le directeur de l'Assistance publique.

— Eh bien ! désireux de m'acquitter sans retard des obligations que m'imposait le testament de feu mon ami, je suis allé chez le notaire du boulevard Beaumarchais ; j'ai appris que, depuis l'année 1871, ni Prosper Richaud ni sa femme ne s'étaient présentés pour toucher les trimestres qui leur étaient dus et, m'étant rendu à la mairie de leur arrondissement, j'ai acquis la certitude qu'ils avaient été tués tous deux pendant les derniers jours de la Commune... — Quant à l'enfant, aucune trace...

— Alors, monsieur, quel est le but de votre démarche auprès de moi ?

— En me renseignant à la mairie du onzième arrondissement, on m'a dit qu'après l'entrée des troupes régulières dans Paris en 1871, beaucoup d'enfants, incapables de faire connaître leur identité, avaient été recueillis dans les maisons abandonnées. — Ne serait-il pas possible de retrouver parmi ces enfants, si elle existe encore, la fille de mademoiselle de Rhodé, ce qui me mettrait à même de rendre à cette pauvre mère aveugle une enfant que depuis seize années elle pleure, et d'exécuter ainsi fidèlement les volontés de feu mon ami très regretté Joachim Estival?...

XXV

— L'entreprise est louable, assurément, — dit à Placide Joubert le directeur de l'Assistance publique, — et je souhaite que vous réussissiez ; mais il m'est impossible de vous donner une réponse immédiate... — L'administration que j'ai l'honneur de diriger a, en effet, recueilli beaucoup d'enfants abandonnés après les jours néfastes de la Commune... J'ordonnerai de procéder à des recherches ; elles seront peut-être assez longues ; mais je puis, si vous m'en témoignez le désir, vous autoriser à consulter vous-même les registres, sur lesquels ont été inscrits tous les enfants devenus pupilles de l'Assistance publique...

— J'en serai plus reconnaissant que je ne saurais le dire... — répliqua Joubert.

Le directeur écrivit quelques lignes par lesquelles il invitait le chef de la troisième section, bureau des enfants trouvés, à se mettre à la disposition de M. Placide Joubert pour des recherches immédiates et, en remettant ces lignes à son visiteur, lui dit :

— Présentez-vous au bureau que je désigne, et comptez qu'on fera le possible pour vous donner satisfaction...

Placide témoigna sa vive gratitude, sortit du cabinet directorial, traversa l'antichambre, pleine de gens munis de lettres d'audience et où Bonichon, l'agent de Jacquier, avait trouvé moyen de se glisser parmi les personnes qui attendaient.

Là, il s'adressa à un huissier.

— La troisième section, bureau des enfants trouvés? — lui demanda-t-il.

— Prenez l'escalier G. — C'est au deuxième...— répondit l'huissier.

— Bureau des enfants trouvés ! — murmura Bonichon. — Oh ! oh !... voilà qui se dessine...

Et il se mit à suivre Placide Joubert.

Quittons momentanément le père, et rejoignons le fils.

Léopold, se conformant au programme arrêté la veille avec l'avoué Lamarche, arrivait en voiture, à onze heures moins le quart, chez le notaire chargé de dresser l'acte de vente de la maison de Fontenay-sous-Bois, et s'adressait au principal.

— L'acte est prêt, monsieur — lui dit ce dernier — et je vais me rendre avec vous au domicile indiqué, pour y recevoir la signature de mademoiselle Gervais.

— Ne sera-t-il pas nécessaire d'avoir des témoins ?

— Deux clercs de l'étude signeront l'acte en cette qualité.

— Vont-ils donc nous accompagner?

— Nullement... — ils signeront ici, où l'acte doit revenir pour les formalités de l'enregistrement et de la purge d'hypothèques.

— Très bien... — Je vais régler avec vous...

— Après la signature.

— Je désire que cela soit tout de suite. J'ai versé cinq mille francs ; établissez le compte de ce qui reste dû, frais de vente et honoraires compris, et dressez une quittance générale au nom de mademoiselle Claire Gervais, quittance que vous voudrez bien lui remettre quand elle aura signé.

— Comme il vous plaira, monsieur... — répondit le principal en souriant.

Il avait compris.

Le compte établi, l'argent versé, la quittance signée par le notaire, Léopold et le principal montèrent dans la voiture, qui les conduisit rue des Lions-Saint-Paul.

Léopold entra le premier dans la maison et ouvrit la porte de la loge.

La concierge, en le voyant accompagné d'un inconnu portant sous son bras une ample serviette de maroquin, jeta le journal dont elle dégustait le feuilleton et fit une révérence de dignité princière.

— Nous venons pour ce que vous savez, ma chère dame... — lui dit le gommeux en clignant de l'œil. — Monsieur que voilà est principal clerc de notaire. — Mam'zelle Gervais est-elle chez elle?

— Oui... oui... elle y est... — répliqua la portière à voix basse. — Mais, sapristoche! vous arrivez bien tard...

— Pourquoi donc ça?

— La petite a un emploi depuis ce matin... — Ça ne la rend pas riche, mais ça la rend moins pauvre... — Elle ne risque plus de mourir absolument de faim... — Ça l'empêchera peut-être de vous regarder tout à fait comme un sauveur...

— La maison est payée... l'acte est en règle;

14.

Claire n'a qu'à le signer pour être propriétaire...

— *Propriétaire!!!...* — répéta la concierge avec une exaltation concentrée — *propriétaire!* ah ! si c'était moi !! Par malheur, j'ai passé l'âge. La petite est têtue comme une mule ! — Enfin, montez toujours, et bonne chance je vous souhaite, aussi bien pour elle que pour vous !...

— A quel étage, s'il vous plaît?

— Au premier en descendant du ciel... c'est-à-dire au *cintième*... la porte à droite.

— Hâtons-nous, monsieur, je vous en prie... je suis un peu pressé... — fit le principal que ces pourparlers mystérieux, à demi-voix, impatientaient.

— Allons-y !...

Et le gommeux s'élança dans l'escalier, où le maître clerc le suivit.

Léopold semblait résolu; mais il l'était infiniment moins en réalité qu'en apparence.

Son cœur battait à grands coups irréguliers, — une violente émotion lui serrait la gorge.

A mesure qu'il montait, son allure devenait moins rapide, et peu à peu il la ralentit comme s'il comptait les marches.

Cela ne l'empêcha point d'atteindre le palier du cinquième étage.

Là il s'arrêta, tout pâle, en portant la main sur le côté gauche de sa poitrine.

Il étouffait.

Le principal fit un nouveau geste d'impatience.

— Frappez là, monsieur — balbutia le gommeux en désignant la porte qui se trouvait à droite — et veuillez expliquer à la personne pourquoi nous venons... Je suis trop agité pour l'expliquer moi-même...

Tout en haussant les épaules, car son compagnon lui paraissait indescriptiblement ridicule, le maître clerc frappa deux coups contre la porte.

Claire travaillait avec ardeur, en songeant à l'emploi dont elle allait prendre possession le lendemain, et qui venait de s'offrir à elle si à propos, au moment où elle commençait à désespérer de l'avenir.

— Entrez... — fit-elle.

La clef était sur la serrure.

Le principal ouvrit et entra.

Derrière lui venait Léopold, qui referma la porte.

L'orpheline le reconnut et se dressa vivement, toute saisie.

— Vous, monsieur! — s'écria-t-elle. — Vous chez moi!... Qu'y venez-vous faire?

Léopold n'avait garde de répondre. — Le principal s'inclina devant la jeune fille et dit :

— Je viens, mademoiselle, soumettre à votre signature l'acte de vente de la maison de Fontenay-sous-Bois, dont vous êtes acquéreur, et vous remettre la quittance de l'argent versé pour solde de cette acquisition.

Claire, en entendant ces paroles, demeura stupéfaite d'abord, et comme étourdie.

— Moi... — murmura-t-elle au bout d'un instant — moi... j'ai acheté...

— Acheté et payé, mademoiselle... — Prix de l'immeuble, droits du fisc, honoraires de mon patron, tout a été acquitté intégralement... — Il ne manque plus que votre signature, et je porterai l'acte à l'enregistrement.

Claire avait repris son sang-froid.

La présence de Léopold, et certaines insinuations de la portière lui revenant en mémoire, éclairaient pour elle la situation.

— Aviez-vous reçu mes ordres pour l'achat de la propriété dont vous parlez, monsieur ? — demanda-t-elle d'une voix qu'elle s'efforçait de rendre calme.

— Indirectement, oui, mademoiselle, — répliqua le principal, — puisque nous avions ceux de votre intermédiaire, M. Léopold Joubert, agissant en votre nom comme fondé de pouvoirs...

La jeune fille jeta sur le gommeux un regard méprisant qui l'atteignit en plein cœur.

— Mam'zelle Claire... mam'zelle Claire... — bégaya-t-il en faisant sur lui-même un héroïque effort — quoique vous ayez toujours passé votre temps à me fermer la bouche quand je voulais vous peindre ma flamme, vous savez de quels sentiments je brûle pour vous... — C'est un incendie général de tout mon être, parole d'honneur!... Acceptez de ma main le don modeste de cette maison... C'est un chalet entre cour et jardin, très gentil, tout meublé... — Nous y passerons notre lune de miel... car c'est un futur mari qui vous l'offre... — Qu'est-ce que vous dites de ça, hein, mam'zelle?...

Claire ne daigna pas même répondre.

— Je vais avoir l'honneur, mademoiselle, de vous donner lecture de l'acte... — reprit le principal en tirant de la serviette de maroquin noir, au chiffre du notaire, la feuille double de papier timbré qu'il étala sur la petite table.

Une rougeur ardente vint colorer le visage amaigri de l'orpheline.

Elle tendit la main, saisit l'acte, et croisa ses bras sur sa poitrine.

— Assez de comédie comme cela! — dit-elle d'une voix frémissante.

Puis, faisant deux pas vers Léopold éperdu, elle ajouta :

— Vous êtes un lâche! — De quel droit venez-vous insulter mon isolement et ma misère?... Quand avez-vous reçu de moi un encouragement?... Quand ai-je mérité votre mépris?... Quelle action de ma vie vous a permis de supposer que j'étais à vendre? D'où vous vient cette audace de m'offrir un marché infâme? — Vous savez bien que je ne vous aime pas!... vous savez bien que vous mentez en me parlant de mariage, puisqu'à votre âge vous ne pouvez disposer de vous-même !
— Vous êtes un lâche et un menteur, et voilà le cas que je fais de vos présents!...

En même temps la jeune fille, déchirant en vingt morceaux l'acte de vente, en jetait les fragments au visage de Léopold atterré.

XXVI

Claire alors se retourna vers le principal, dont le visage et l'attitude exprimaient un embarras très naturel et bien légitime.

—Je vous demande pardon, monsieur, — fit-elle — de vous avoir rendu témoin de ma colère et de mon indignation... — je n'ai pas eu la force de les contenir... — Si vous êtes un homme d'honneur, comme je le crois, vous devez comprendre cela.

Le principal s'inclina devant la jeune fille puis, s'adressant à Léopold, lui dit d'un ton sec :

— Je regrette, monsieur Joubert, que vous ayez cru devoir nous placer, l'un et l'autre, dans une position si fausse et si ridicule. — Je vais vous attendre à l'étude, où nous aurons à régler des questions d'un autre ordre.

Et, après avoir salué Claire une dernière fois, avec un évident respect, il quitta la mansarde.

Léopold, pâle comme un mort et tremblant de tous ses membres, ne bougeait pas.

Du geste, l'orpheline lui désigna la porte.

— Sortez, monsieur ! — commanda-t-elle.

Le gommeux se laissa tomber à genoux et tendit vers la jeune fille ses mains suppliantes.

— Ne me chassez point... — balbutia-t-il. — Est-ce ma faute si je vous aime ?...

— Quand on aime, on n'insulte pas !...

— Vous insulter... — Mais je n'y pensais guère !... — Je vous fais un grand serment, mamz'elle, que j'ai pour vous le respect le plus profond... autant de respect que d'amour...

— On ne respecte pas une jeune fille, quand on croit qu'elle est à vendre et qu'on lui propose de l'acheter...

— Vous m'avez mal compris. — J'agissais à bonne intention...

— L'enfer en est pavé, de ces intentions-là... — Relevez-vous, monsieur... Vous êtes grotesque ainsi... — Relevez-vous et allez-vous-en...

Léopold se redressa, piteux, en bégayant :

— Si vous saviez...

— Je ne veux rien savoir… — interrompit Claire.

— Sans vous, je ne puis vivre.

— Il faudra bien vous y habituer, cependant; car moi je veux vivre en paix… par conséquent sans vous revoir !…

— Pardonnez-moi, au moins…

— Je vous pardonnerai, soit !… Mais à la condition de ne plus entendre parler de vous…

— Dites-moi d'espérer qu'un jour…

— N'espérez rien ! — interrompit pour la seconde fois l'orpheline. — N'espérez rien, et sortez !

— Mais…

— Sortez, monsieur ! je veux être seule !

Et la jeune fille, poussant jusqu'au palier Léopold complètement ahuri, referma derrière lui la porte et la verrouilla.

— Mon Dieu — murmura-t-elle ensuite — Mon Dieu, je vous remercie de m'avoir donné la force et le courage de chasser cet homme… Il ne m'inspire, il ne m'inspirera jamais que répulsion et mépris… Je suis sûre que son âme est aussi fausse que son regard est louche !… — Il est riche… que m'importe ? — Le jour où je donnerai mon cœur je ne demanderai pas à celui que j'aimerai s'il est riche ou pauvre !… Je l'aimerai… voilà tout…

Et Claire se remit au travail.

Léopold descendit l'escalier, mine piteuse et tête basse.

La concierge, fort intriguée d'avoir vu sortir le clerc de notaire marchant très vite et l'air mécontent, guettait au passage le gommeux.

— Eh bien, monsieur, ça ne va donc pas? — lu demanda-t-elle quand il arriva devant sa loge, le visage décomposé, les yeux rouges.

— Ça ne va pas du tout... — répondit-il d'une voix dolente. — Elle a refusé, figurez-vous !... — Elle a déchiré l'acte, et elle m'a flanqué à la porte...

— Déchiré l'acte !... — s'écria la concierge indignée.

— En plus de vingt morceaux...

— Un acte qui la rendait *propiétaire*...

— D'un chalet tout meublé, entre cour et jardin, payé comptant...

— Et vous mettre à la porte !... vous, m'sieu Joubert !... un jeune homme si honnête et si calé... qui venait pour le bon motif ! ! — La petite malheureuse !... Elle est donc folle !... complètement folle ! !

— Mais tout n'est pas fini... — reprit Léopold avec véhémence. — Je ne me tiens point pour battu !... — Il faut qu'elle m'aime et elle m'aimera !... — Comment je m'y prendrai pour obtenir ça, je n'en sais rien, mais ça sera !... — Claire Gervais s'appellera madame Joubert, ou j'y perdrai mon nom !...

Et le gommeux, gagnant la rue, remonta dans la voiture qui l'avait amené.

.˙.

Placide Joubert, en sortant du cabinet du directeur de l'Assistance publique s'était dirigé, nous l'avons dit, vers le bureau du chef de la première section.

Bonichon, l'agent de Jacquier, le suivait, espérant que le hasard lui permettrait de découvrir quelque nouvel indice.

Dans le couloir et dans l'antichambre de la troisième section se trouvaient des solliciteurs et des gens en quête de renseignements, assis sur des banquettes de moleskine, car les services qui se rattachent aux bureaux des Enfants-Trouvés sont nombreux et importants.

Un garçon de bureau, assis derrière une petite table surmontée d'un pupitre, répondait aux demandes des visiteurs.

Placide alla droit à lui et dit, en lui présentant les quelques lignes écrites par le directeur :

— M. le chef de bureau de la troisième section, je vous prie?

— C'est pour des recherches relatives à un enfant? — demanda le garçon, après avoir jeté les yeux sur le papier.

— Oui.

— Le chef est absent, mais le sous-chef est là. — Veuillez me suivre.

Deux minutes plus tard, Joubert expliquait le but de sa démarche au sous-chef qui répondait, en désignant une table placée dans un angle de la pièce :

— Asseyez-vous là, monsieur, je vais vous faire remettre le registre spécial sur lequel ont été inscrits les enfants recueillis après la Commune, et adoptés par l'Assistance publique.

Un instant après on plaçait le registre en question devant Placide qui s'empressait de l'ouvrir.

Les feuilles étaient divisées par colonnes.

La première colonne contenait les noms véritables des enfants dont on avait pu découvrir les origines.

La seconde, les noms — tracés à l'encre rouge — donnés aux inconnus par l'administration.

Les colonnes suivantes renfermaient l'indication de l'âge présumé, de l'endroit où l'enfant avait été trouvé, des circonstances particulières relatées au procès-verbal, la nomenclature des effets qu'il portait et des objets divers en sa possession, tels que colliers, médaillons, jouets, etc., etc.

La création du registre remontait au 23 mai 1871.

Avec une extrême attention Joubert commença l'examen des notes contenues dans les trois cents feuillets du précieux manuscrit.

— Il me sera complètement impossible de parcourir aujourd'hui ce registre tout entier, monsieur, — dit-il au sous-chef qui répondit :

— Ne vous préoccupez point de cela, monsieur. Il sera mis à votre disposition chaque jour, jusqu'à ce que vous ayez obtenu un résultat...

Nombreux étaient les enfants recueillis après la Commune et le second siège et, dans ce nombre, le sexe féminin constituait la majorité.

Ceux dont les véritables noms avaient été découverts formaient, au contraire une minorité infime.

Le nom de *Jeanne-Marie* se trouverait-il parmi ceux-là ?

A défaut du nom, des indications quelconques permettraient-elles de reconstituer une identité sinon certaine, du moins possible et vraisemblable?

Les différentes faces de la question pouvaient se résumer ainsi.

A quatre heures — heure de la fermeture des bureaux — Placide Joubert, l'estomac vide, car il n'avait point déjeuné, était encore là, courbé sur les colonnes du registre, compulsant, la sueur au front.

— Eh bien, monsieur ? — lui demanda le sous-chef.

— Rien encore !

— Les bureaux ferment ; mais demain matin, à neuf heures, si vous voulez continuer vos recherches vous pourrez revenir...

— Certes, monsieur, je reviendrai !... je reviendrai jusqu'à ce que j'aie compulsé la dernière colonne du dernier feuillet !...

— A demain, alors...

— A demain, monsieur, et merci mille fois de votre obligeance...

Placide sortit.

Dans l'antichambre et dans le couloir, plus personne.

Qu'était devenu l'agent Bonichon ?

Avait-il, de guerre lasse, quitté son poste ?

XXVII

Bonichon n'avait garde d'abandonner la partie : il tenait trop à gagner la prime promise ; mais les gens qui attendaient avec lui étant entrés les uns après les autres dans les bureaux, il comprit que restant seul il deviendrait suspect et, quittant le couloir, il alla s'installer dans le fiacre pris à l'heure, d'où il pouvait surveiller la porte par laquelle Placide Joubert sortirait un peu plus tôt ou un peu plus tard.

A quatre heures et quelques minutes seulement l'homme d'affaires apparut, la mine déconfite et le visage plus maussade encore que de coutume.

— Pas satisfait du résultat de ses recherches, ça saute aux yeux ! — se dit Bonichon — Où va-t-il maintenant ?

Joubert rentrait rue Geoffroy-Marie.

L'espion le suivit jusqu'à sa porte et regagna la rue Bleue.

— Eh bien ? — lui demanda Jacquier — Avez-vous appris quelque chose depuis trois jours ?

— Procédons par ordre, patron, s'il vous plaît... — répondit Bonichon en tirant de sa poche un agenda qu'il ouvrit. — Avant-hier, rien... — Hier, à midi, Joubert est sorti de chez lui... — Il allait rue de Buci, chez l'avoué Lamarche... — Ce qui se passa dans l'étude, je n'en sais rien, mais quand notre homme regagna son fiacre, il avait l'air furieux, parlait tout seul et faisait des gestes de colère. — Le fiacre le ramena rue Geoffroy-Marie et, à peine était-il rentré depuis vingt minutes qu'un de ses employés préposé chez lui aux renseignements comme je le suis chez vous, sortit d'un air pressé... — Naturellement je le filai, et ce filage me conduisit jusqu'au numéro 27 d⁻ la rue des Lions-Saint-Paul.

— Qu'allait-il y faire ?

— Causer avec la concierge...

— Que lui voulait-il ?...

— Il eût été maladroit de le lui demander, mais je trouverai moyen de le savoir...

« Au bout d'un quart d'heure, il reprit le chemin de la rue Geoffroy-Marie, et à peine était-il rentré que Joubert ressortit... — Nouveau filage... — Le patron se rendait au numéro 9 de la rue Fontaine-Saint-Georges...

— Mais — s'écria Jacquier — c'est là que demeure Lucienne Bernier la maîtresse de son imbécile de fils...

— Ça se peut bien... — Quand il reparut au bout d'une heure, il avait l'air joyeux et se frottait les mains... — Hier, pas autre chose...

— Et aujourd'hui ?...

— Aujourd'hui Placide-Joubert a été reçu par le directeur de l'Assistance publique, et j'ai découvert que l'objet de ses préoccupations actuelles est un enfant trouvé ou perdu, je ne sais pas au juste...

— Comment avez-vous appris cela?

Bonichon raconta ce que nous avons raconté nous-même à nos lecteurs, et Jacquier, en écoutant son récit, devint rayonnant.

— Parfait! — murmura-t-il. — Evidemment mon distingué collègue est sur la piste d'un héritage devant échoir à quelque enfant trouvé qu'il veut circonvenir... une fille, à coup sûr... — Bonichon, je suis content de vous. — Je doublerai la prime si vous parvenez à débrouiller l'écheveau dont nous tenons le bout...

— Je le débrouillerai, patron ! !

15.

*
* *

Claire Gervais avait rapidement terminé le travail promis à la maison d'exportation; — elle rapporta son ouvrage et prévint qu'on ne devait plus compter sur elle.

N'allait-elle pas, le lendemain, prendre possession d'une place où l'attendait un bien-être relatif?

La jeune fille faisait déjà ses petits calculs.

Avec les quatre-vingt-dix francs qu'elle aurait gagnés à la fin du premier mois, elle pourrait donner un acompte sur l'arriéré de son loyer, et acheter une robe neuve afin de se montrer convenablement vêtue dans le magasin de madame Thouret.

Un peu de coquetterie n'était-elle pas permise à la pauvre enfant qui se sentait littéralement renaître ?...

Tout en regagnant la rue des Lions-Saint-Paul, elle ralentissait le pas devant les boutiques et regardait les étalages.

Au moment où nous la rejoignons elle avait fait halte, boulevard Beaumarchais, en face d'un magasin de nouveautés qui venait de recevoir un grand nombre de pièces d'étoffes et les mettait en montre, et elle se demandait sur laquelle de ces étoffes son choix s'arrêterait quand elle posséderait la somme suffisante pour en payer quelques mètres.

Elle s'absorbait dans cette occupation chère à toutes les filles d'Eve, quelle que soit leur condition et leur fortune, quand un jeune homme s'arrêta près d'elle et poussa une exclamation de surprise et de joie.

Claire, machinalement, tourna la tête et regarda ce jeune homme : il était pâle et semblait en proie à une émotion violente qui faisait trembler ses lèvres.

— Ce n'est pas la première fois que je vois ce visage... du moins je le crois... — pensa l'orpheline.

Et, sans accorder à la rencontre autrement d'attention, elle voulut se remettre en marche pour continuer son chemin.

Le nouveau venu, en qui nos lecteurs ont deviné sans doute Adrien Couvreur, lui barra le passage.

— Pardonnez-moi de vous adresser la parole, mademoiselle... — murmura-t-il d'une voix agitée, en se découvrant.

— Que me voulez-vous, monsieur ?... — dit la jeune fille d'un ton bref.

— Je veux vous prier de m'apprendre si je ne suis pas le jouet d'une ressemblance ?... Si vous êtes bien la personne qu'il me semble reconnaître ?...

— Comment saurais-je, monsieur, si je suis cette personne ?

— Il y a trois semaines, par une matinée très froide, ne passiez-vous point rue de Seine ?...

— Que vous importe cela ?...

— Vous paraissiez bien faible... bien souffrante...

— Vous teniez à la main un billet de loterie...

En entendant ces paroles, Claire revit d'un coup d'œil la petite scène à laquelle nous avons assisté.

Elle cessait momentanément de redouter une impertinence. — Toute son irritation tomba.

— En effet, monsieur, je me souviens, — fit-elle en souriant à demi. — Vous paraissiez très gai, et vous m'avez demandé si je comptais gagner le gros lot avec mon billet...

— Ah ! j'étais bien sûr de ne pas me tromper ! — reprit Adrien avec élan. — Votre image était gravée dans ma mémoire, dans mon esprit, dans mon cœur ; je vous cherchais partout, mais je ne vivais plus, car je désespérais de vous retrouver...

La voix d'Adrien, quoique brisée par l'émotion, était d'une douceur pénétrante.

Elle alla droit à l'âme de Claire.

— Vous me cherchiez, monsieur?... — dit-elle, un peu émue elle-même. — Pourquoi ?

— Pourquoi?... — répéta le jeune homme. — Est-ce que vous ne le devinez pas, mademoiselle, en me voyant ainsi tremblant devant vous ?...

L'orpheline commençait à comprendre et ressentait un grand embarras.

Elle baissa la tête et fit un mouvement pour s'éloigner.

Adrien balbutia :

— Voulez-vous, mademoiselle, me permettre de vous accompagner un instant ?...

Cette demande, ainsi formulée, froissa la jeune fille et l'irrita.

Ses inquiétudes, un instant dissipées, revenaient.

A peine remise de la terrible émotion causée, le matin, par les offres humiliantes de Léopold Joubert, allait-elle donc avoir à subir les déclarations insultantes de cet inconnu, rencontré deux fois par hasard ?

Aussi répliqua-t-elle sèchement :

— Je vous défends de m'accompagner !

— J'ai tant de choses à vous dire...

— Et, moi, je n'ai rien à entendre !

— Que craignez-vous donc, mademoiselle?... — Je ne prononcerai pas un seul mot qui puisse vous blesser...

— Laissez-moi passer, monsieur, je vous prie !

— De grâce, mademoiselle, écoutez-moi... Je vous conjure de m'écouter... — Je suis un honnête homme !...

Claire devint pourpre :

— Non !... — interrompit-elle avec violence. — Non, car un honnête homme n'agirait pas ainsi, et je ne mérite point l'outrage que vous m'infligez en ce moment !... — Encore une fois, laissez-moi passer... Je le veux !...

Ni le ton ni les paroles de la jeune fille n'admettaient de réplique.

Adrien Couvreur, profondément triste de se voir si mal compris, si mal jugé, salua Claire et s'écarta.

L'orpheline se mit en marche d'un pas tellement rapide qu'elle semblait fuir.

Le peintre décorateur ne se résignait point à perdre cette occasion, peut-être unique.

Il suivit celle qu'il aimait et, tout en se tenant un peu en arrière, il balbutiait :

— Je vous en supplie, mademoiselle, ne me faites pas cette mortelle injure de croire que j'ai eu l'intention de vous offenser... — Depuis le jour où vous m'êtes apparue pour la première fois, je vous aime... Depuis ce jour, je n'ai eu qu'une pensée, toujours la même... je n'ai eu qu'un désir... vous retrouver... vous revoir... vous dire que jamais une jeune fille n'a été adorée, respectueusement adorée, comme je vous adore... Ce n'est point une offense, cela !...

Claire ne ralentissait pas son allure, mais elle entendait les paroles d'Adrien, et peu à peu sa grande irritation tombait.

Peut-être même allait-elle se laisser attendrir, quand elle s'aperçut que les passants remarquaient qu'elle était suivie et la regardaient avec une curiosité moqueuse, ce qui l'irrita profondément.

— Me forcerez-vous donc, monsieur, à me mettre sous la protection d'un sergent de ville ? — demanda-t-elle en se retournant à demi, sans s'arrêter.

XXVIII

Adrien, lui, s'arrêta net. — Il pensait :

— Aujourd'hui elle refuse de m'entendre, mais qu'importe ? — Je saurai où elle demeure, et demain elle m'écoutera.

Claire s'était remise non plus à marcher, mais à courir. — Elle prit la rue de Turenne afin de faire perdre sa piste à son persécuteur, s'il avait l'insolence de s'obstiner à la suivre.

Au bout de quelques minutes elle jeta derrière elle un regard furtif, et elle revit le jeune homme dont une distance de vingt pas à peu près la séparait.

Elle descendit la rue Charlot, gagna de petites rues étroites, et entra dans une maison qui formait passage.

Le peintre décorateur arriva devant cette maison mais, n'en connaissant point la double issue, il fit halte près de la porte, et il attendit afin de s'assurer que la jeune fille ne ressortirait pas.

Claire lui échappait !!

Essoufflée, se soutenant à peine, l'orpheline ralentit sa marche dès qu'elle eut la certitude d'être hors d'atteinte, et se mit à réfléchir.

La voix douce et triste du jeune homme qui l'avait abordée bruissait encore à son oreille, éveillant dans le fond de son âme un écho.

— Peut-être ai-je eu tort... — se dit-elle tout bas. — Si cependant il ne mentait point..., s'il était vrai qu'il m'aime... s'il était vrai qu'il me respecte ?...

Et ce fut lentement, rêveuse, regrettant presque ce qu'elle avait fait, que l'orpheline regagna sa mansarde de la rue des Lions-Saint-Paul.

Adrien Couvreur était resté en observation, devant la maison aux deux issues, dans laquelle Claire avait disparu.

— Si dans une demi-heure elle n'est pas ressortie, — pensait-il — c'est que son gîte est là... — Eh bien ! dans une demi-heure, au risque d'être éconduit de nouveau comme je viens de l'être, je me présenterai chez elle... — Si elle refuse de me recevoir, je prendrai un grand parti... — j'avouerai mon amour à mon patron... je lui dirai quelles sont mes intentions, et je le prierai de venir demander en mariage pour moi cette enfant dont je ne sais pas le nom et que j'aime... — Elle verra bien que je ne voulais pas l'offenser !...

La demi-heure s'écoula.

— Allons ! — dit Adrien presque à voix haute, en entrant dans la cour de la maison et en se dirigeant vers la loge.

Le concierge étant employé chez des fabricants de bronzes d'art dont les magasins et les ateliers occupaient le rez-de-chaussée de l'immeuble, sa femme se trouvait seule, travaillant près de la fenêtre et s'interrompant à chaque instant pour regarder dans la cour.

— Pardonnez-moi, madame, si je vous dérange — fit Adrien Couvreur — c'est pour un petit renseignement...

En même temps il plaçait une pièce de quarante sous sur la machine à coudre.

— Tout à votre disposition, monsieur — répondit la portière souriante, en empochant la pièce — quel renseignement voulez-vous ?...

— Au nombre de vos locataires vous devez avoir une jeune fille de seize à dix-sept ans, blonde, grande, très mince, un peu pâlotte, comme quelqu'un qui relève de maladie?...

Le concierge secoua la tête.

— Nous n'avons pas ça, monsieur... — dit-elle.

— Vous en êtes sûre ?

— Oh ! très sûre ! Des gens mariés à tous les étages, avec des tas de marmailles ; mais point de jeunesses de seize ans, ni brunes, ni blondes... ni maigres, ni grasses...

— Cependant, il y a une demi-heure, la personne que je viens de vous décrire est entrée dans la maison... et n'en est point ressortie...

— Quant à ça, c'est autre chose... toute habillée de noir, la personne, n'est-ce pas, monsieur, et très gentille, quoique trop pâlotte ?...

— Oui... oui... c'est bien cela ! — s'écria Adrien Vous la connaissez ?

— Je l'ai vue traverser la cour. — Elle allait gagner le passage qui conduit à la rue de Saintonge...

— La maison a donc une double issue ?...

— Oui, monsieur...

Adrien, déconcerté, désolé, remercia la concierge et regagna la rue.

— Elle connaissait ce passage et elle en a profité pour me fuir !... — murmura-t-il. — Au moment où j'étais si heureux de l'avoir retrouvée, elle m'échappe encore!!... — C'est à désespérer de tout!... et cependant j'espère quand même!...

. . . .

Claire Gervais dormit bien peu pendant la nuit qui suivit la journée dont nous venons de raconter les péripéties.

Il nous paraît d'ailleurs superflu d'expliquer les causes, si faciles à deviner, de cette insomnie presque complète.

De bonne heure la jeune fille fut debout, fit une toilette aussi soignée que le lui permit sa garde-robe plus que modeste, et sortit en jetant un bonjour à la concierge, qui lui cria :

— Bonne chance je vous souhaite, ma petite Claire, mais n'empêche que vous avez fait une boulette hier, et une grosse! — Devenir *propiétaire*, ça ne se refuse pas!! Ah! mais non, par exemple!!

Claire haussa les épaules en riant, entra dans une crémerie, déjeuna sommairement d'une tasse de chocolat et d'un petit pain et prit à pied, par les boulevards, la direction de la rue Caumartin, où elle arriva à neuf heures moins un quart.

Madame Thouret l'accueillit avec un sourire, par ces paroles :

— Vous êtes exacte, mon enfant... je vous

marque un bon point. — Pour vos débuts vous allez disposer les chapeaux dans la vitrine... — je ne vous donnerai aucun conseil... Faites à votre guise... Cela me permettra de juger si vous avez du goût...

— Je ferai de mon mieux, madame...

. . . .

A l'heure précise où la jeune fille entrait dans le magasin de modes de la rue Caumartin, Placide Joubert sortait de chez lui, prenait un coupé de régie qui passait à vide et se faisait conduire à l'Assistance publique.

Bonichon était déjà là, aux aguets, dans son fiacre qui s'ébranla aussitôt, suivit, et s'arrêta juste à l'endroit où, la veille, il avait stationné pendant près de six heures.

— Il paraît que les recherches ne sont pas finies... — se dit l'agent de Jacquier. — Voyons un peu s'il retourne au bureau des Enfants trouvés...

Comme la veille il se glissa derrière Placide, acquit *de visu* la certitude qu'il voulait avoir, et retourna s'installer dans le fiacre où il se mit à fumer des cigarettes pour se distraire.

Les recherches de Placide devaient être longues.

A deux heures de l'après-midi, rien encore.

Soudain il eut un tressaillement.

Ses yeux venaient de tomber sur un nom : *Marie-Jeanne*, dans la colonne des enfants trouvés sans origine connue, et bien que ce nom différât quelque peu de celui qu'il cherchait, il ne se sentait pas moins frappé de la rencontre.

— La fille de mademoiselle de Rhodé s'appelait *Jeanne-Marie*.. — se dit-il. — Mais une enfant si jeune a très bien pu ne pas s'expliquer clairement...
— Voyons donc...

Et il lut les indications écrites, en regard du nom, dans les autres colonnes du registre, et desquelles résultait ceci : — La petite fille, âgée de deux ans à peine, avait été trouvée rue de la Roquette le dernier jour de l'insurrection, blessée à l'épaule par une balle, à côté des cadavres de plusieurs fédérés et d'une femme du peuple.

— Rue de la Roquette... près d'une barricade... C'est parfaitement cela !... — murmura l'homme d'affaires. — Prosper Richaud habitait la rue de la Roquette, et c'est sur une barricade que lui et sa femme ont été tués...

Des gouttes de sueur perlaient aux tempes de Placide ; il les essuya du revers de sa main et continua sa lecture. — Malgré les investigations faites dans le quartier, il avait été impossible d'établir l'identité de l'enfant. — Interrogée, elle n'avait pu dire qu'une chose, c'est qu'on l'appelait *Marie-Jeanne*. — Elle ignorait le nom de ses parents et celui de la rue qu'ils habitaient.

Venait ensuite la nomenclature des vêtements dont la petite fille était revêtue, nomenclature terminée par cette mention : — *Marie-Jeanne portait au cou une petite médaille de la Vierge, soutenue par un cordon.*

En lisant cette dernière phrase, Placide Joubert ne put retenir une exclamation.

— Vous avez trouvé ce que vous cherchiez ? — lui demanda le sous-chef en quittant son fauteuil pour se rapprocher de lui.

— Je crois l'avoir trouvé, monsieur, quoique le nom, ou plutôt les noms, qui sont les mêmes, soient placés dans un ordre différent, mais cela peut facilement s'expliquer... — il y a si près de *Marie-Jeanne* à *Jeanne-Marie*...

— En effet.

— Tout le reste concorde à merveille... la rue de la Roquette, la barricade... Mais c'est surtout la médaille qui me fait croire à l'identité de cette enfant avec *Jeanne-Marie*, qui portait au cou une médaille en argent à l'image de la Vierge.

Placide Joubert s'arrêta tout à coup et fronça le sourcil.

On eût dit qu'il venait de recevoir brusquement une douche d'eau glacée.

— Devrait-il y avoir quelque autre indice? fit le sous-chef, étonné de ce changement de physionomie.

— Oui, monsieur... Un indice de haute importance que je m'étonne de ne point voir consigné sur ce registre.

— Lequel?

— La médaille d'argent de *Jeanne-Marie* était percée de trois trous disposés en triangle, et sur le revers se lisaient ces deux mots : *Ave Maria*... — Or, l'indication écrite se borne à ceci : — *Une petite médaille de la Vierge, soutenue par un cordon*...

XXIX

— Il n'y a rien d'étonnant à cela, absolument rien... — répliqua le sous-chef. — Dans des moments si terribles, on n'aura point fait attention à des particularités qui semblaient insignifiantes, et le commissaire de police, en dressant son procès-verbal, a négligé de les mentionner.

— Cette médaille se trouve-t-elle dans les archives de l'Assistance publique ? — demanda Placide Joubert.

— On a dû la laisser au cou de la petite-fille, lorsqu'elle a été envoyée à l'hospice des enfants trouvés... — Cette enfant est parfaitement celle que vous cherchez... — Pour moi, cela ne fait aucun doute...

— Qu'est-elle devenue ?... Où est-elle à cette heure ?... — Comment le savoir ?...

— Rien de plus facile. — Dans un instant je pourrai vous apprendre si elle est vivante ou morte...

— Morte !... — répéta l'homme d'affaires en pâlissant.

Le sous-chef se pencha sur le registre que Placide venait de consulter, lut à haute voix le chiffre 1878 tracé à l'encre rouge, à la suite des derniers mots de la colonne des renseignements, et reprit :

— C'est en 1878, par conséquent à l'âge de dix ans, que *Marie-Jeanne* a été placée dans une famille ou en apprentissage, soit à Paris, soit en province ; — nous en saurons plus long tout à l'heure.

Il sonna un garçon de bureau et lui donna l'ordre d'aller quérir et d'apporter le registre de placement chez des particuliers des enfants trouvés, année 1878.

Un instant après, le registre était posé sur son bureau où il l'ouvrait, cherchait la lettre *M* dans la liste alphabétique, et trouvait bien vite le nom de *Marie-Jeanne*.

— La petite fille — dit-il alors — a été placée en apprentissage le 1ᵉʳ mars 1878 chez une blanchisseuse de Bonneuil, s'appelant madame Ligier... — Elle est certainement vivante...

— D'où vous vient cette certitude ?

— Si elle était morte, nous aurions été avisés administrativement, et mention du décès serait faite dans cette colonne en face du nom de la jeune fille.

— Vous me permettez, monsieur, de prendre acte de tout cela ?...

— Certes, monsieur !... et même je vous y engage...

Placide couvrit de lignes serrées toute une feuille de son agenda, puis il se leva et il allait prendre congé quand le sous-chef lui demanda:

— Supposez-vous qu'à la suite de vos recherches un changement doive survenir dans la position de l'enfant ?

— Un changement complet, oui, monsieur.

— Aurait-elle l'heureuse chance de retrouver ses parents ?

— Sa mère, oui, et d'être mise en possession d'un héritage assez important...

— Veuillez donc me donner votre adresse, monsieur, et nous tenir au courant de vos démarches...

— *Marie-Jeanne* jusqu'à sa majorité, à moins d'une réclamation faite par sa mère dans les formes légales, reste la pupille de l'Assistance publique, qui a veillé et qui veille encore sur elle...

Joubert donna sa carte, promit de faire ce qu'on

lui demandait et quitta le bureau du sous-chef.

Il rayonnait littéralement.

En arrivant sur le trottoir de l'avenue Victoria il tira son agenda de sa poche et se complut à relire les notes dont l'ensemble le satisfaisait au delà de ses espérances, à deux détails près : la transposition des noms, et les trois trous formant triangle omis dans le signalement de la médaille.

Malgré ces petites anicroches, insignifiantes peut-être, le succès final lui paraissait absolument probable.

Bonichon, du fond de son fiacre, ne le perdait pas de vue.

— La mine est joyeuse, aujourd'hui — se dit-il — donc il a trouvé ce qu'il cherchait... — Les notes qu'il lit en jubilant sont celles qu'il vient de prendre. — Le mot du logogriphe est là, pour sûr !... — Ce sont ces notes qu'il faudrait à mon patron... — Si je pouvais les lui porter, la gratification serait triplée, quadruplée peut-être... — Eh bien ! je les lui porterai !...

Placide Joubert remontait du côté de la tour Saint-Jacques.

L'agent de Jacquier descendit de son fiacre et, donnant l'ordre au cocher de l'attendre, se mit à suivre l'homme d'affaires.

Celui-ci marchait assez lentement, la tête baissée, réfléchissant.

— Dois-je aller prévenir mademoiselle de Rhodé ?... — se demandait-il.

» Ne vaudrait-il pas mieux attendre que j'aie fait une visite à Bonneuil, où j'acquerrai vraisemblablement une certitude ?...

» Ce serait là, sans doute, le parti le plus sage... — Néanmoins j'irai voir l'aveugle quand même et, sans rien préciser, je lui donnerai un peu d'espérance... C'est le meilleur moyen de conquérir de plus en plus sa confiance absolue...

Placide, tout en monologuant, prenait le chemin de la rue Saint-Honoré.

Il allait l'atteindre quand il fut arrêté par un encombrement de charrettes venant des Halles, chargées de paniers vides, et par un groupe de *porteurs* et de *forts*, discutant ou plutôt se disputant sur le trottoir.

Vivement il se jeta de côté pour éviter une bousculade qu'il n'évita point complètement.

Un homme qui allait le dépasser presque en courant fit un faux pas et vint s'abattre contre lui avec une telle violence qu'il l'ébranla ; — tous les deux furent au moment de s'abattre sur le sol, l'un entraînant l'autre.

16.

Placide vint à bout, cependant, de s'arc-bouter et resta debout.

Le passant maladroit lui adressa de brèves excuses et reprit sa course.

L'homme d'affaires se dépêtra de l'encombrement et s'engagea dans la rue Saint-Honoré.

.*.

Depuis son entretien avec le légataire universel de feu Joachim Estival, mademoiselle de Rhodé vivait dans un état de fièvre continuelle.

L'homme qui s'était chargé de retrouver *Jeanne-Marie* agirait-il avec la promptitude, le zèle, l'intelligence nécessaires pour mener à bien de semblables démarches ?

Réussirait-il ?

La réussite serait-elle prompte ?

Pauline de Rhodé se posait jour et nuit ces questions, et n'y pouvant répondre se disait avec désespoir :

— Je suis aveugle !... je suis impuissante !! — il me faut rester ici, en proie à toutes les angoisses de l'attente et de l'incertitude, tandis qu'un étranger fait avec indifférence les recherches que j'accomplirais, moi, avec tant d'ardeur !!

A mesure que passaient les jours, le silence de Placide Joubert ajoutait aux tortures morales de mademoiselle de Rhodé.

— Pourquoi donc ne vient-il pas ? — demandait-elle à Thérèse.

L'homme à visage d'oiseau de proie avait inspiré à première vue, nous le savons, une entière défiance à la fidèle servante ; mais elle ne voulait point augmenter les soucis de sa maîtresse en lui disant sa pensée véritable, et elle répondait :

— C'est, sans doute, mademoiselle, qu'il se donne beaucoup de mal sans grand résultat, et qu'il n'a rien encore de bien important à vous apprendre.

Le lendemain, le surlendemain, l'aveugle répétait la même question, et, naturellement, obtenait la même réponse.

Enfin, n'y tenant plus, elle prit une grande résolution.

— S'il ne vient pas, j'irai à lui ! — dit-elle — Thérèse habillez-moi, et préparez-vous à m'accompagner rue Geoffroy-Marie.

Thérèse allait obéir quand un coup de sonnette retentit à la porte de l'appartement.

Elle courut ouvrir.

Placide était sur le seuil.

— Mademoiselle... mademoiselle... — cria Thérèse — c'est M. Joubert...

— Ah! venez, monsieur... — fit l'aveugle en étendant ses mains dans le vide vers le visiteur — venez vite!... — votre silence me tuait... — Mon impatience de savoir ce que vous avez fait est si grande!... J'allais me rendre à votre demeure...

— Vous auriez dû penser, chère mademoiselle, que, si je ne venais pas, c'est que je travaillais pour vous, mais que je n'avais rien à vous apprendre...

— Et — balbutia Pauline, prise d'un tremblement soudain — votre visite d'aujourd'hui prouve-t-elle que vous avez appris enfin quelque chose?

— Je ne viens point, mademoiselle, vous donner un espoir qui pourrait être suivi d'une déception... — répondit Placide.

— Ne savez-vous donc rien?

— Sinon rien... du moins rien de décisif...

— N'êtes-vous pas plus avancé qu'au début de vos recherches?

— Un peu plus... mais très peu...

— Qu'avez-vous découvert?

— Un indice permettant de supposer que votre fille a été recueillie sur une barricade, près des cadavres des époux Richaud, à qui elle avait été confiée par Estival...

— Où avez-vous trouvé cet indice ?

— Dans le cabinet du directeur de l'Assistance publique... en compulsant les registres qui contiennent les noms des nombreux enfants restés sans famille connue après les terribles journées de la Commune...

— Et le nom de *Jeanne-Marie* y était inscrit ?

— Un nom presque semblable...

— Presque semblable seulement ?

— C'est déjà beaucoup, mademoiselle... — Nous avons fait un pas en avant... A cette heure, il faut que je voie les enfants du sexe féminin dont j'ai pris les adresses et parmi lesquelles se trouve sans doute votre fille...

XXX

— La médaille que Jeanne-Marie doit porter, qu'elle porte certainement, vous guidera... — s'écria l'aveugle.

— C'est sur cette médaille que je compte pour rendre une erreur impossible... — répondit Joubert. — Ayez foi en moi, mademoiselle... Je vous ai promis de faire l'impossible, et je le ferai...

— Je le crois, monsieur... Je n'en doute pas...

— Il ne me reste donc qu'à vous conseiller la force d'âme... la patience...

— J'en aurai, monsieur... Il faudra bien que j'en aie... Mais hâtez-vous!... Si vous êtes père, vous devez comprendre mes angoisses et mes larmes...

— Je les comprends, mademoiselle... car je suis père, et j'aime mon fils par-dessus toutes choses...

Peut-être le connaîtrez-vous un jour, et j'espère qu'alors vous l'aimerez...

— Je sens que je l'aime déjà... Et je reporte sur lui une partie de la reconnaissance qui vous est due pour le service immense que vous me rendez...

— Que je veux vous rendre complet... — reprit Placide. — Ma plus chère ambition est de vous ramener votre enfant et de vous mettre en possession d'un héritage qui vous apportera le bien-être...

— Eh! que m'importe le bien-être, la fortune ? — répliqua vivement mademoiselle de Rhodé — Ce qu'il me faut, c'est ma fille!! — Combien la gêne me semblerait facile à supporter si ma fille était près de moi!! — Je pourrais au moins l'embrasser, la serrer contre mon cœur, puisque la suprême joie de la voir me sera refusée, hélas! pour toujours!!

— Il y a longtemps que vous êtes aveugle, mademoiselle?

— Quinze ans, monsieur...

— Comment cette cécité est-elle survenue?

— A la suite d'une longue et cruelle maladie...

— Vous n'avez point consulté un spécialiste?

— Non, monsieur.

— Pourquoi ?

— Les consultations coûtent cher, et j'étais pauvre...

— Ne serait-il pas temps encore ?... Peut-être une opération pourrait-elle vous rendre la vue...

Pauline de Rhodé secoua la tête.

— Je refuserais de courir les chances de cette opération, dangereuse sans doute à mon âge... — répondit-elle — je veux vivre pour retrouver mon enfant...

— Vous la retrouverez, mademoiselle... je me suis juré de vous la rendre !... Mais, permettez-moi de vous le dire, votre position actuelle, une position si peu digne de vous, me serre le cœur... — La rente viagère que vous touchez est insuffisante... vous vivez de privations...

— J'ai eu le temps de m'y habituer depuis dix-sept ans — fit l'aveugle avec un sourire triste et résigné.

— Si habitué qu'on soit à la gêne, on en souffre toujours. — J'ai la ferme confiance que bientôt vous serez riche ; seulement, d'ici là, je ne puis admettre que vous restiez tout à fait pauvre, et je viens vous prier de vouloir bien me regarder comme votre banquier...

— Mon banquier ? — répéta l'aveugle surprise.

— Oui... Permettez-moi de vous faire des avances, avances dont vous fixerez vous-même le chiffre, et grâce auxquelles vous pourrez avoir une existence plus large.

Mademoiselle de Rhodé semblait émue.

— Vous êtes bon, monsieur — dit-elle. — Mais je ne veux pas abuser de votre générosité...

— Il n'y a point de générosité, mademoiselle... — il n'y a qu'une avance, et vous me la rembourserez sur vos futurs revenus... — Acceptez, je vous en prie... — Vous me blesseriez en refusant...

— Puisqu'il en est ainsi, monsieur, vous me rendez un refus impossible... — J'accepte donc, avec reconnaissance...

— J'en suis très heureux, mademoiselle. — Je vais vous remettre deux mille francs... — Ne ménagez point cette petite somme. — A votre première demande je la renouvellerai... — Songez que je suis votre banquier.

Tout en parlant Placide avait porté la main à la poche de son pardessus, pour y prendre son agenda dont une case contenait des billets de banque.

Soudain, il devint très pâle et poussa une exclamation.

— Qu'avez-vous, monsieur? — lui demanda l'aveugle.

— Mon agenda...— balbutia-t-il — mon agenda qui contenait des papiers de valeur... les notes relatives à votre fille... une somme importante...
— Je l'ai perdu... ou on me l'a volé...
— Volé?... s'écria Pauline.
— Oui... — je l'avais encore en sortant de l'hôtel de l'Assistance publique... Ah! je me souviens... en venant chez vous... en entrant dans la rue Saint-Honoré... un encombrement... un homme s'est jeté sur moi... il a failli me renverser... Cet homme devait être un voleur!... — Etait-ce à l'argent qu'il en voulait?... était-ce aux notes?... — Comment le savoir?... Excusez-moi, mademoiselle... Dans quelques heures vous recevrez les deux mille francs promis... En ce moment il faut que je vous quitte... il faut que je courre... Adieu... adieu... ou plutôt au revoir, car je vous reverrai bientôt...

Et, sans attendre la réponse de mademoiselle de Rhodé, Placide Joubert s'élança dehors.

A cette même heure Bonichon, l'agent de Jacquier l'escompteur, descendait de voiture rue Bleue, gravissait rapidement les marches de l'escalier, entrait comme une bombe dans le cabinet de son patron et s'écriait :

— Victoire ! — J'ai gagné la prime ! ! J'ai gagné une demi-douzaine de primes !...

— Du calme, Bonichon, et expliquez-vous... — lui dit l'*ennemi intime* de Placide.

— Tenez, patron, voyez ce qu'il y a là-dedans...

Et il plaça l'agenda dérobé, sur le bureau, devant Jacquier qui demanda naturellement :

— Qu'est-ce que c'est que ça ?

— Ça, c'est ou plutôt c'était la propriété du vilain singe de la rue Geoffroy-Marie... — Oh! très malin, Joubert ; mais plus malin que lui, Bonichon! — En deux temps et trois mouvements l'objet que voilà a passé de sa poche dans la mienne. — Une bousculade... un tour de main... un : — *Pardon, monsieur* ! et enlevez, c'est pesé !... Le tour est fait !...

Jacquier avait ouvert l'agenda.

Le premier papier qui frappa ses yeux fut celui sur lequel Placide avait écrit les notes relevées en consultant les registres de l'Assistance publique.

Il lut avidement :

Sur une page de l'agenda étaient tracées ces lignes :

« Chercher la fille enlevée en 1868 à mademoiselle Pauline-Marie de Rhodé, demeurant aujourd'hui rue Saint-Honoré, numéro 159.

« L'enfant fut confiée par Estival à Prosper

Richaud et à sa femme, 154, rue de la Roquette.

» Richaud et sa femme, morts aux barricades en 1871.

» A cette époque, l'enfant avait un peu plus de deux ans.

» Médaille au cou de l'enfant.

» Héritage : deux millions cinq cent mille francs.

» Mère, usufruitière. — Fille, légataire universelle... »

Jacquier, tout en continuant sa lecture, poussait des exclamations, prononçait des phrases sans suite.

— Je comprends! je comprends! — disait-il rayonnant de joie — Les Richaud ayant été tués sur une barricade, l'enfant a été retrouvée près de leurs cadavres et recueillie par l'Assistance publique... — L'enfant hérite. — Pour toucher l'héritage on a besoin d'elle, et Placide a été chargé par la mère de la chercher... — Il a découvert la piste, le vieux singe! — L'enfant se nomme Marie-Jeanne! — Cette Marie-Jeanne, héritière de deux millions et demi, est à Bonneuil, chez une blanchisseuse!

« C'est sur cette fille et sur cette dot que Joubert compte pour son fils! — la chose est aussi claire que du cristal de roche! — Eh bien, il ne s'agit que d'arriver bon premier, et de lui couper l'herbe sous le pied!!

» Bonichon?...

— Patron?

— Je suis content de vous! comme le disait Napoléon le Grand aux grognards de la vieille garde, après je ne sais plus quelle bataille... — Voici mille francs de gratification au lieu de cinq cents, et ce n'est qu'un acompte...

— Oh! patron!!...

— Inutile de perdre des paroles en remerciements... — ce sont des actes qu'il faut, et non des discours... — il y a quelque chose à faire...

— Patron, je parie que je devine... — Il s'agit, n'est-ce pas, de partir *illico* pour Bonneuil, et d'accaparer la jeune personne?...

— Vous êtes intelligent, Bonichon! — C'est parfaitement cela!

— Mais si Joubert m'a devancé?...

— Supposition inadmissible! — répliqua Jacquier qui feuilletait l'agenda. — A l'heure qu'il est, mon distingué collègue a dû s'apercevoir de la disparition de ce portefeuille renfermant des notes précieuses et deux billets de mille francs.

— Deux mille francs trouvés, patron... abandonnez-les-moi... — interrompit Bonichon.

— Je vous les donnerai sur ma caisse après le succès définitif, — répliqua Jacquier.—Mais ceux-ci resteront là où ils sont, et l'agenda rentrera intact chez son propriétaire en temps utile... Mon collègue, aujourd'hui, ne s'occupe que de la perte qu'il vient de faire, et c'est demain seulement qu'il songera à se mettre en route pour Bonneuil... Vous, partez à l'instant, et faites là-bas ce que vous avez fait ici... — Il ne faut pas, quand Joubert arrivera chez la blanchisseuse, qu'il y trouve *Marie-Jeanne!!* — Réussissez surtout! — Il y a en jeu de fortes sommes, et je vous donne un intérêt de cinq pour cent dans l'affaire. — Est-ce compris?

XXXI

— C'est parfaitement compris, patron, — dit Bonichon — et je file sur Bonneuil... — Mais il me faut deux choses...

— Lesquelles ? — demanda Jacquier.

— De l'argent, d'abord...

— Je vais vous en donner...

— Et une copie des notes de l'agenda.

— Asseyez-vous à ce bureau et copiez vous-même.

Dix minutes plus tard Bonichon, muni d'un double des notes et d'un certain nombre de billets de cent francs, quittait la maison de la rue Bleue.

Peu de temps après son départ Jacquier, ayant fait pour lui-même une seconde copie des renseignements recueillis à l'Assistance publique, glissa l'agenda dans sa poche, prit son chapeau, sortit, gagna le boulevard Montmartre et, avisant un commissionnaire qui passait son crochet vide sur le dos revenant de faire une course, il l'arrêta, le conduisit dans le faubourg Montmartre jusqu'à l'angle de la rue Geoffroy-Marie, et dit en lui mettant dans la main l'agenda :

— Vous allez porter ceci au n° 1, chez M. Joubert... — Vous monterez au premier étage et vous direz qu'ayant ramassé l'objet par terre rue Saint-Honoré, tout près de la rue des Prouvaires, vous le rapportez à son propriétaire dont le nom et l'adresse sont imprimés le maroquin... — Voici quarante sous... — Si on vous offre une récompense, ce qui est plus que probable, vous êtes libre de l'accepter...

— Bien, monsieur...

Et le commissionnaire, traversant la rue Geoffroy-Marie, disparut dans l'allée du n° 1.

Rejoignons Placide Joubert.

En sortant de chez mademoiselle de Rhodé il avait repris le chemin suivi par lui pour venir, étudiant du regard chaque pouce du trottoir, et il arriva jusqu'à l'endroit où la bousculade avait eu lieu.

Naturellement, et pour la meilleure de toutes les raisons, il ne trouva rien.

— Il est évident que je suis volé... — pensa-t-il.

— C'est deux mille francs dont il faut porter mon deuil... — Quant aux notes, en y réfléchissant bien, leur perte et de minime importance. — Elles ne peuvent servir à personne, car personne n'est en état d'en deviner le sens, et n'a d'ailleurs d'intérêt à le faire... — Je les reconstituerais sans peine si je me souvenais du nom de la blanchisseuse de bonneuil... Mais, ce nom, je l'ai oublié... — S'il ne me revient pas il faudra retourner demain avenue Victoria, et compulser de nouveau le registre pour le retrouver... — C'est un très gros ennui mais ce n'est, en somme, qu'un ennui...

Placide prit une voiture et regagna son domicile, de fort mauvaise humeur.

— On n'a rien apporté pour moi ? — demanda-t-il à l'expéditionnaire qui grossoyait dans l'antichambre.

— Rien, patron.

Joubert traversa la seconde pièce, entra dans son cabinet, s'assit à son bureau, prit une feuille de papier et fit appel à ses souvenirs, espérant retrouver au fond d'un casier de sa mémoire le nom qui lui manquait.

Ce fut en vain.

Au bout d'une heure à peu près on frappa doucement à la porte.

17.

— Entrez! — dit Placide.

Le principal employé parut.

— Ah! c'est vous, Marquay... — reprit le patron — Qu'y a-t-il?

— Monsieur, c'est un commissionnaire... — Il vous rapporte un objet que vous avez perdu et qu'il a trouvé...

Joubert bondit.

— Vite ! vite ! qu'il entre ! — s'écria-t-il.

Marquay s'empressa d'introduire le commissionnaire.

— C'est vous qui êtes monsieur Joubert ? — demanda celui-ci.

— C'est moi.

— Monsieur, je vous apporte ce *calepin* que j'ai ramassé sur le trottoir de la rue Saint-Honoré, tout près de la rue des Prouvaires. — J'ai vu votre nom et votre adresse sur la couverture, et je suis venu. — Voici l'objet.

En même temps il remettait l'agenda à Joubert, qui s'empressa de l'ouvrir et poussa un soupir d'allègement en voyant non seulement les notes, mais les deux billets de mille francs.

— Mon ami, je vous remercie... — dit Placide — vous vous êtes dérangé et toute peine mérite salaire. — Voici cinq francs.

Le commissionnaire enchanté prit la pièce d'argent, salua, sortit, et rejoignit Jacquier qui l'attendait à la même place.

— Il était là, le monsieur — lui dit-il — je lui ai remis le *calepin* en mains propres, et il m'a donné un écu de cent sous.

— C'est un homme très généreux ! — fit Jacquier en souriant.

.˙.

En quittant la rue Bleue, Bonichon se rendit droit à la gare de Vincennes et prit un billet pour la Varenne-Saint-Hilaire où il arriva à quatre heures du soir et où il eut quelque peine à trouver une voiture qui le conduisît à Bonneuil.

Quand cette voiture atteignit le but de son petit voyage, il faisait nuit noire.

Bonichon donna l'ordre d'arrêter devant une auberge.

— Mettez votre cheval à l'écurie et faites-vous servir à dîner, mon brave... — dit-il au cocher. — Je ne sais pas à quelle heure nous repartirons....

Dès le premier jour où il avait reçu quelque argent de son patron, l'employé aux renseignements, naturellement coquet, s'était empressé de modifier du tout au tout sa toilette, ce qui modifiait en même temps son apparence.

Confortablement et chaudement habillé de vêtements neufs du plus beau noir, et portant une cravate d'une entière blancheur, il avait cessé d'offrir aux regards une physionomie piteuse et famélique... — Rien n'empêchait, maintenant, de le prendre pour un agent d'affaires ou pour un homme de loi.

Nombre d'huissiers, dans l'exercice de leurs fonctions, ont infiniment plus mauvaise mine.

Avant de s'engager dans la grande rue, appelée *rue de Paris* selon la coutume invariable des voies principales de tous les bourgs et villages suburbains, il demanda à un indigène qui passait :

— Madame Ligier, la blanchisseuse, s'il vous plaît ?

— A cent pas plus loin, à droite — répondit l'indigène — vous verrez la boutique éclairée, et vous entendrez chanter les ouvrières.

Ainsi renseigné, Bonichon s'enfonça absolument dans les ténèbres, et bientôt il se trouva en face d'un vitrage derrière lequel un certain nombre de jeunes filles repassaient du linge en chantant à pleine voix un chœur d'opérette.

Bonichon entra.

L'apparition d'un inconnu, vêtu de noir et cravaté de blanc, produisit un grand effet de surprise. — Les chants cessèrent et le silence le plus complet s'établit.

— Madame Ligier, je vous prie... — fit l'agent de Jacquier en saluant.

— C'est moi, monsieur... — répliqua une femme d'un certain âge, occupée au fond de la boutique à relever des comptes de blanchissage.

— J'aurais, madame, quelques mots à vous dire en particulier.

— Je suis à vous, monsieur...

Et la blanchisseuse, prenant une lampe à pétrole sur la table, conduisit le nouveau venu dans la pièce voisine dont elle referma la porte.

Elle semblait inquiète, préoccupée, et tout en offrant une chaise au visiteur elle balbutia :

— Vous êtes sans doute un inspecteur de l'Assistance publique, monsieur ?

En entendant madame Ligier lui donner le titre qu'il comptait prendre pour s'accréditer auprès d'elle, Bonichon fut littéralement abasourdi ; mais il n'en laissa rien voir et répliqua :

— En effet, madame...

— Ah ! mon Dieu ! — fit madame Ligier, avec un

redoublement d'agitation — vous venez au sujet de Marie-Jeanne...

L'abasourdissement de Bonichon grandissait.

Comment cette femme devinait-elle le but de sa démarche ? — Comment lui parlait-elle la première de la jeune fille dont il allait parler lui-même ?

Ce qui ne l'empêcha point de répondre :

— Vous ne vous trompez point, madame ; je viens au sujet de Marie-Jeanne...

— Ah ! monsieur, c'est désolant ! — reprit la blanchisseuse — Je n'ai pas encore écrit à M. le directeur, c'est vrai... Mais j'attendais... j'espérais...

— Quoi donc ? qu'attendiez-vous ? qu'espériez-vous ?... — demanda Bonichon, au comble de l'inquiétude car il devait être arrivé quelque chose à la jeune fille, cela résultait des paroles qu'il venait d'entendre.

— Qu'elle reviendrait... — murmura la blanchisseuse.

— Qu'est-ce que ça signifie ? s'écria l'agent de Jacquier — Vous espériez qu'elle reviendrait !! Elle n'est donc plus ici ?

— Vous l'ignoriez ?

— Complètement !... — Pourquoi est-elle partie ? que s'est-il passé ? où est-elle ?...

— Ah! monsieur, si je le savais... — dit madame Ligier en larmoyant. — Elle a filé il y a huit jours... — Qu'est-ce qui aurait pu s'attendre à ça!... Elle avait un air sainte Nitouche, qu'on lui aurait donné le bon Dieu sans confession !!...

— Voyons... voyons... expliquez-vous plus clairement. — Vous êtes responsable de l'enfant qui vous a été confiée !!... On vous en demandera compte !!...

— C'est bien ça qui me désole !

— A quel propos et dans quelles conditions Marie-Jeanne est-elle partie de chez vous ?

— D'après les renseignement qu'on a pu me donner, paraîtrait qu'elle a suivi un jeune homme...

XXXII

— Un jeune homme! — répéta Bonichon — Quel jeune homme?...

— Un parisien... un canotier... qui rôdait depuis longtemps du côté de Bonneuil et de Chennevières... — répondit la blanchisseuse.

— Son nom?

— Si je savais son nom, il y a beau temps que j'aurais couru après cet *affronteux* de filles !...

— Où avait-elle fait sa connaissance?

— Le dimanche, en se promenant, bien sûr... — Vous comprenez, monsieur, quand la boutique est fermée on ne peut pas enfermer les ouvrières...

— Votre devoir était de prévenir immédiatement l'Assistance publique...

— Je vous ai déjà dit pourquoi je ne l'avais pas

fait... j'espérais... j'attendais... mais dès demain j'irai trouver M. le directeur.

— C'est inutile... — fit vivement Bonichon — je m'en charge... — Il aura mon rapport demain matin... — Vous n'avez qu'un moyen pour racheter votre défaut de surveillance, c'est de me prévenir par un mot si vous aviez par hasard des nouvelles de Marie-Jeanne...

— Je le ferai, monsieur... je le ferai !... — Où faudra-t-il vous adresser la lettre ? — à l'Assistance publique ?

— Non, à mon domicile particulier...

Bonichon tira de sa poche un carnet, en déchira une feuille sur laquelle il écrivit au crayon : — *M. Blondel, inspecteur, rue de Clignancourt, n° 42.* — la tendit à la blanchisseuse effarée, et d'un air très digne et très sévère sortit de la maison.

Une fois dans la rue l'agent de Jacquier s'abandonna sans contrainte à toute l'amertume de sa déception, déception d'autant plus profonde que son espoir avait été plus grand.

— Quelle déveine ! — murmura-t-il — Au moment où je croyais tenir la pie au nid, je la trouve envolée, et envolés avec elle les bénéfices sur lesquels je comptais !... — J'ai travaillé pour le roi de Prusse !... Allez donc chercher dans Paris un canotier et une blanchisseuse!... Autant vaudrait chercher une aiguille dans une botte de foin !...

— Le singe de la rue Geoffroy-Marie va venir demain... il fera *du pétard*, il avertira l'Assistance publique, on mettra la police aux trousses de la donzelle, et va te faire fiche!... plus rien à frire !

Tout en grommelant Bonichon rejoignit l'auberge où il avait laissé son cocher, et à neuf heures du soir il était de retour à Paris, trop tard pour aller raconter son expédition à Jacquier.

Disons tout de suite que, si l'agent de l'homme d'affaires avait donné à la blanchisseuse le nom de *Blondel* et l'indication du *n° 42 de la rue de Clignancourt*, c'est qu'il habitait cette maison, que le portier était un de ses amis et recevait sur sa demande les lettres adressées à ce nom qu'il prenait parfois, quand il ne voulait point livrer le sien.

Jacquier, confiant dans l'habileté de Bonichon et croyant aux bons résultats de voyage à Bonneuil, nageait dans un océan d'allégresse en pensant qu'il allait couper l'herbe sous le pied de Placide Joubert, son ennemi intime, et lui faire manquer une magnifique affaire — une affaire de deux millions et demi.

Seulement, pour être certain de réussir, il ne fallait rien négliger.

Parmi les notes copiées dans l'agenda de Joubert se trouvait celle-ci :

« *Chercher la fille de mademoiselle Pauline-Isaure de Rhodé, demeurant rue Saint-Honoré, n° 129.* »

Il importait de se faire une alliée de la mère dont on cherchait l'enfant.

Aussi Jacquier, après avoir quitté le commissionnaire qui venait de reporter à Placide Joubert l'agenda dérobé par Bonichon, prit le chemin de la rue Saint-Honoré et demanda au concierge du numéro 129 si mademoiselle de Rhodé était chez elle.

Il reçut une réponse affirmative, monta à l'étage indiqué et sonna à la porte du logement de l'aveugle.

Thérèse vint lui ouvrir.

L'homme d'affaires était un beau et grand garçon de bonne mine, très correctement vêtu. — Il plut à Thérèse à première vue, autant que Joubert lui avait déplu.

— Je désirerais obtenir un moment d'entretien avec mademoiselle de Rhodé — lui dit-il. — Je n'ai pas l'honneur d'être connu d'elle, mais je suis adressé par M. le directeur de l'Assistance publique.

— S'agirait-il de sa fille ?... — demanda vivement

la fidèle servante, qui s'associait aux douleurs et aux espérances de sa maîtresse.

— Précisément.

— Oh! entrez, monsieur... entrez vite!... Et soyez le bienvenu si vous apportez une bonne nouvelle...

Thérèse s'empressa de conduire le visiteur auprès de l'aveugle, qui entendant un murmure de voix prêtait l'oreille, et en l'introduisant elle dit :

— Mademoiselle, c'est un monsieur qui désire parler à mademoiselle de la part du directeur de l'Assistance publique...

— Au sujet de ma fille, peut-être... — s'écria Pauline.

— Oui, mademoiselle, c'est à son sujet... — répondit Jacquier qui tressaillit de joie en s'apercevant que son interlocutrice était privée de la vue.

— Oh! monsieur... monsieur... — reprit avec une sorte de fièvre mademoiselle de Rhodé — m'apportez-vous des nouvelles de mon enfant?...

— Je vous apporte au moins l'assurance que l'administration fera tout ce qui dépendra d'elle pour vous la rendre...

— Vous savez où elle est?

— Nous avons grandement lieu d'espérer que

les recherches, auxquelles en ce moment on se livre, aboutiront à un résultat heureux...

— Puisque vous ne savez rien encore de positif, quel est le but de votre visite, monsieur ? — demanda, presque avec amertume, Pauline déçue dans son espoir.

— Je comprends vos angoisses et votre impatience, mademoiselle, — répondit Jacquier d'un ton mielleux : — mais le moment serait mal choisi pour vous décourager... — Nous comptons, je vous le répète, sur un résultat heureux, et nous croyons que ce résultat sera proche ; mais encore faut-il laisser aux recherches nécessaires le temps d'aboutir...

— Je comprends cela, monsieur... Seulement, j'ai tant attendu déjà... j'ai tant souffert...

— Vous n'aurez plus longtemps à souffrir...

— Que Dieu vous entende !... — C'est par M. Joubert, sans doute, que vous avez appris les recherches auxquelles on se livre ?...

— En effet, madame... — M. Joubert s'est présenté à l'Assistance publique comme votre mandataire, et c'est à ce titre que nous avons consenti à nous associer à ses démarches...

— M. Joubert a fait preuve à mon égard d'un dévouement très grand... — répliqua mademoiselle de Rhodé. — Il a bien voulu se charger de tout ce que, étant aveugle, je ne puis faire moi-même...

— L'intelligence de Placide Joubert est connue — dit Jacquier d'un ton quelque peu railleur ; — mais, s'il faut en croire le bruit public, le désintéressement n'est point sa vertu favorite... — Vous le récompenserez sans le moindre doute d'une façon très large, surtout s'il est vrai que dans la circonstance présente il s'agisse, non seulement de retrouver votre fille mais de vous assurer la possession d'une fortune considérable...

— Une fortune de deux millions et demi, monsieur, laissée à ma fille par son oncle, et dont je posséderai l'usufruit...

— A la charge, probablement, de servir une rente à l'héritière directe ? — demanda Jacquier.

— Une rente de six mille francs, oui, monsieur...

— Clause bien inutile !... Ma fille jouira près de moi, avec moi, des revenus de la fortune entière !..

— Seulement, il faut se hâter ; car, si mon enfant n'était pas retrouvée et les droits de mutation payés dans le délai légal, la fortune entière serait acquise à la ville d'Alger... — Ainsi l'a voulu le testateur...

— Il faut se hâter en effet... Six mois sont vite passés...

— Je suis convaincue que M. Joubert ne perd pas un instant, et qu'il aura bien gagné par son zèle la récompense promise...

— Eh! mademoiselle, — fit Jacquier d'un ton sec — vous semblez ne plus vous souvenir que l'Assistance publique a recueilli et élevé votre enfant, et que si vous la retrouvez, ce dont je ne doute point, ce sera par elle... — Placide Joubert n'aura été, en somme, qu'un intermédiaire entre vous et l'administration...

— C'est vrai, monsieur, mais intermédiaire indispensable...

— Vous me demandiez tout à l'heure, mademoiselle, le but de ma visite... — Le voici : — Je vous suis envoyé pour vous mettre en garde contre des demandes d'argent, de délégations sur l'héritage futur, d'engagement pour de fortes sommes à payer au cas où on vous ramènerait votre fille...
— Nous avons malheureusement l'habitude d'être trop souvent témoins de marchés honteux qu'il nous est impossible d'empêcher... — Neuf fois sur dix, ces marchés de dupes ruinent les naïfs qui se figurent que, grâce à eux, ils toucheront une fortune...

— Que dites-vous là, monsieur!!! — s'écria l'aveugle.

— La vérité, mademoiselle... La triste vérité...

— Mais M. Joubert est un honnête homme...

— Je ne prétends point me poser en accusateur !.. Oui, monsieur Joubert est un honnête homme, du moins je l'espère pour lui... Seulement ils sont nombreux, les gens, honnêtes selon le monde, qui transigent volontiers avec leur conscience quand il s'agit d'encaisser une forte somme ! ! — Et je crois que M. Joubert est de ceux-là !...

XXXIII

— Vous m'épouvantez, monsieur!... — fit mademoiselle de Rhodé.

— Telle n'est point mon intention!... — répondit Jacquier, continuant à jouer avec un merveilleux talent le rôle qu'il s'était tracé... — Mon but unique, je vous le répète mademoiselle, est de vous mettre en garde contre des exigences possibles, pour ne pas dire probables... — Défiez-vous!... — Votre fille étant une pupille de l'Assistance publique, c'est à nous qu'il appartient de la retrouver, de vous la rendre, et nous ne vous réclamerons rien pour cela!... — Vous ferez plus tard ce que votre cœur vous dictera pour une administration dont la devise est : *Charité!*

— Ainsi, monsieur, — demanda l'aveugle, suivant l'idée unique qui hantait son cerveau, — vous allez chercher mon enfant ?

— C'est à moi, mademoiselle, à moi personnellement qu'incombe cette tâche... C'est moi qui vous ramènerai votre fille, — notre pupille — et qui vous indiquerai la marche à suivre pour qu'elle soit envoyée légalement en possession de son héritage...

— Mais si l'enfant a été recueillie et élevée par vous — dit Pauline de Rhodé — vous devez savoir où elle est... ce qu'elle fait...

Jacquier allait répondre d'une façon affirmative.

Une pensée soudain l'arrêta. — Bonichon pouvait avoir échoué ; — donc, il ne fallait pas s'engager trop complètement.

— Certes, nous le savons — répliqua-t-il — ou plutôt, nous ne pouvons manquer de le savoir...— Un accident bien mal à propos survenu nous entrave et nous retarde... — Quelques-uns de nos registres ont été détruits par un commencement d'incendie... Au nombre de ceux-là se trouve celui qui renfermait les indications relatives à votre fille...

— Rassurez-vous cependant, le mal est réparable !

— Il suffira de demander aux mairies, avec lesquelles nous sommes en rapport, des relevés qui nous mettront à même de reconstituer les registres détruits...

— Hâtez-vous donc, monsieur! hâtez-vous! je meurs d'impatience.

— Votre attente, mademoiselle, doit être de courte durée...

— M. Joubert m'avait parlé d'une similitude de nom...

— En effet... — dit Jacquier à tout hasard — mais ce sera facile à éclaircir... — La médaille que portait l'enfant est un guide sûr et ne peut nous tromper... — Soyez tout à l'espérance... — Vous serez bientôt heureuse...

— Que Dieu vous entende!

— Maintenant, mademoiselle, le but de ma visite est rempli... — Il me reste une recommandation à vous faire, recommandation très importante, sur laquelle M. le directeur de l'Assistance m'a chargé d'insister : c'est de ne pas dire un seul mot de ma visite à M. Joubert...

— Je me garderai de lui en parler... — Dois-je lui laisser continuer ses recherches ?

— Sans doute... — Le fait seul de le prier de les interrompre ne manquerait point de lui sembler suspect... — Il voudrait connaître la raison de ce contre-ordre... il remuerait ciel et terre pour la découvrir, il y parviendrait peut-être ; et, comme au fond c'est une mauvaise nature, je le crois parfaitement capable de nous contrecarrer... — Donc, laissez les choses en l'état, et évitez qu'il ne puisse concevoir le moindre soupçon.

— Soyez tranquille, monsieur... je vous promets de veiller sur moi...

Jacquier avait posé ses jalons et établi solidement les bases de l'influence qu'il voulait acquérir sur mademoiselle de Rhodé.

Il prit congé et se retira, en promettant de revenir à bref délai, laissant l'aveugle pleine d'espoir, mais préoccupée de la situation fausse dans laquelle elle allait se trouver vis-à-vis du légataire universel de feu Joachim Estival.

— Evidemment, je tiens la corde, — murmurait Jacquier en s'éloignant — et je viens de porter à Placide Joubert une botte difficile à parer ! — Qu'est-ce que mademoiselle de Rhodé a voulu dire avec cette similitude de noms ? — Insister pour le savoir tout de suite eût été maladroit... — Chaque chose viendra en son temps. — Il s'agit maintenant d'apprendre ce qui s'est passé à Bonneuil. — Si Bonichon tient la fille, je tiens la mère !

L'homme d'affaires de la rue Bleue était parti depuis cinq minutes à peine, quand un coup de sonnette retentit à la porte du logement.

Thérèse courut ouvrir et revint au bout d'un instant, ayant à la main une enveloppe assez épaisse.

— C'est un jeune homme — dit-elle — qui vient d'apporter pour mademoiselle une lettre de M. Placide Joubert.

— Y a-t-il une réponse?... — demanda Pauline.

— Non, mademoiselle... — Le jeune homme est reparti.

— Eh bien! ouvrez cette lettre et lisez-moi son contenu...

La fidèle servante décacheta l'enveloppe.

— Des billets de banque!... — s'écria-t-elle. — Deux mille francs!...

— N'y a-t-il pas un mot accompagnant cet envoi?...

— Si, mademoiselle... quelques lignes... Les voici...

Et Thérèse lut à haute voix :

« Je m'empresse, mademoiselle, de vous adresser deux mille francs, et j'ai l'honneur de mettre ma caisse à votre absolue disposition.

» Confiance et courage. — Demain, je poursuivrai mes recherches.

» En attendant le jour prochain où je vous apporterai une bonne nouvelle, recevez, mademoiselle, l'assurance de mon profond respect et de mon entier dévouement.

» Placide Joubert. »

— C'est le procédé d'un galant homme! murmura l'aveugle. — Pourquoi donc cet envoyé de l'Assistance publique m'a-t-il recommandé de me défier de lui?...

*
* *

Le lendemain de ce jour Bonichon, le visage singulièrement allongé, arrivait de bonne heure chez Jacquier.

Celui-ci le reçut immédiatement.

— Vous avez échoué! — s'écria-t-il en voyant sa mine piteuse.

— Pas de veine, patron!... Mais il n'y a nullement de ma faute...

Et Bonichon raconta ce que nos lecteurs savent déjà.

Jacquier, en l'écoutant, laissa tomber ses bras le long de son corps.

Tout ce qu'il avait fait aboutissait au néant le plus absolu.

Placide Joubert tenait toujours la corde.

Dès le lendemain — (ceci n'était point douteux) — il irait à Bonneuil où il apprendrait la fuite de Marie-Jeanne.

En revenant de Bonneuil, il se rendrait tout droit à l'Assistance publique, et lui donnerait connaissance de la disparition de la jeune fille.

Des recherches seraient ordonnées.

On retrouverait la fugitive et Placide, mandataire de mademoiselle de Rhodé, triompherait sur toute la ligne !...

Un instant le patron et l'employé restèrent silencieux et déconfits, en face l'un de l'autre.

Tout à coup, Jacquier releva la tête.

— Il ne faut pas jeter le manche après la cognée ! — dit-il.

— Que faire, patron ?

— Se mettre en chasse, et trouver la piste de Marie-Jeanne, parbleu !...

— Où ? Comment ?

— C'est à La Varenne-Saint-Hilaire que le canotier séducteur se montrait le plus souvent, selon la déclaration de la blanchisseuse... — Il y est certainement connu... on a dû l'y rencontrer avec la petite... — Les canotiers ont des endroits attitrés, des bouchons, des guinguettes au bord de l'eau, où ils vont faire la fête... — C'est de cela que la police s'inquiètera tout d'abord; c'est là qu'elle commencera son enquête, si on la charge, comme c'est probable, de dénicher Marie-Jeanne... — Nous sommes aussi malins que la police, sapristi!!! ce qui n'est pas encore beaucoup dire!... — Prenons les devants!... Allons, Bonichon, prouvez une fois de plus vos qualités de limier, et en route pour la Varenne!...

— Patron, vous avez raison!... — J'ai du flair, et que le diable m'emporte si je fais buisson creux!... — A demain, patron... — Peut-être bien que j'aurai du nouveau à vous apprendre!...

Et, complètement remonté, l'agent de Jacquier quitta la rue Bleue pour se mettre en quête.

Placide Joubert, dès la veille au soir, avait fait retenir un coupé de régie pour toute la journée.

Dès huit heures du matin il y montait et prenait le chemin du village de Bonneuil.

Vers dix heures, la voiture s'arrêtait à la porte de l'unique auberge du village et, aussitôt renseigné, il se rendit chez la blanchisseuse, madame Ligier.

— Que vais-je apprendre? — se demandait-il chemin faisant. — Cette *Marie-Jeanne* est-elle bien *Jeanne-Marie*, et la médaille signalée au procès-verbal de l'Assistance publique offre-t-elle les trois trous formant triangle qui doivent rendre toute erreur impossible?

Arrivé devant la boutique, il ouvrit résolument la porte et entra.

L'apparence un peu plus que bizarre de Placide produisit son effet habituel.

Les ouvrières eurent beaucoup de peine à cacher l'envie de rire qui s'emparait d'elles, et quelques-unes n'y parvinrent qu'à moitié.

Seule, la blanchisseuse, encore bouleversée par la visite reçue la veille, se demanda avec épouvante ce que venait faire chez elle cet étrange inconnu, qui tenait à la fois du vautour et du singe.

FIN DU PREMIER VOLUME ET DE LA PREMIÈRE PARTIE

Émile Colin. — Imprimerie de Lagny.

www.ingramcontent.com/pod-product-compliance
Lightning Source LLC
Chambersburg PA
CBHW060409170426
43199CB00013B/2072